Karina Wagner

ANGEL-YOGA

Karina Wagner

ANGEL-YOGA

Entfalte die Flügel deines Herzens
mit Yoga
und der Liebe von Engeln

Giger Verlag

1. Auflage 2015
© Giger Verlag GmbH, CH-8852 Altendorf
Telefon 0041 55 442 68 48
www.gigerverlag.ch
Lektorat: Monika Rohde
Fotos: Hans Pongratz
Umschlaggestaltung:
Hauptmann & Kompanie Werbeagentur, Zürich
Layout und Satz: Roland Poferl Print-Design, Köln
Druck und Bindung: GGP Media GmbH, Pößneck
Printed in Germany

ISBN 978-3-905958-53-9

Inhalt

Ich möchte dieses Buch mit Worten der Dankbarkeit beginnen. Wenn die geistige Welt und die Engel im letzten Jahr nicht ihre Schwingen der Liebe um mich gelegt hätten, wäre ich vielleicht schon nicht mehr auf Mutter Erde, um das ANGEL-Yoga des Herzens und das Wunder des Lebens mit dir auf dieser wunderschönen Welt erleben und teilen zu dürfen. Ich weiß, dass ich ohne die Erfahrungen, die Schmerzen und den unfreiwilligen, vollkommen notwendigen Rückzug aus der äußeren Welt in eine Uniklinik – ich nenne es lieber den Tempel meiner Heilung – heute nicht in einem solch allumfassenden Gefühl des Friedens und des Glücks wäre. Ich hätte diesen lichten Zustand sicher auch erreichen können, indem ich mich ganz in ein Kloster, einen Ashram oder zu einem Guru, Meister oder einem heiligen Ort auf Erden begeben hätte. Meine Seele wählte jedoch diesen besonderen Weg, und ich war schon immer voll Vertrauen meiner Seele gegenüber. In Tibet sprechen die Mönche und Nonnen sogar Dankgebete für ihre eigene Möglichkeit zu leiden. Sie bitten: »Gib mir genügend Leid, auf dass ich möglichst viel Mitgefühl und Weisheit in mir erwecke.« Schließlich liegt das wahre Ziel eines spirituellen Lebens darin, dass man trotz aller Schwierigkeiten zu heiterer Gegenwärtigkeit, zu einem gütigen und mitfühlenden Herzen voller Frieden erwacht. Das ist für mich auch das große Geschenk des Yoga.

Am Beginn meines langen Heilungswegs schwebte mein Körper zwischen Leben und Loslassen. Und das war eine wunderschöne, himmlische Erfahrung. Ich war vollkommen im Frieden und in der Liebe, ohne Schmerzen und befreit von jeder Körperlichkeit. Ich erfuhr ein All-eins-Sein, das mit Worten nicht zu beschreiben ist. Mein bisheriger Glaube wurde zur erfahrenen Wahrheit: Das Göttliche wohnt in jedem Menschen, die göttliche Liebe wirkt durch dich und mich, der göttliche Funke in uns verleiht die Kraft zu glauben, zu heilen und den Tod zu überwinden. Ich war vollkommen im Vertrauen und wusste: Ich bin in diesem wichtigen Moment meines Lebens nicht allein.

Wunderschöne Engel und so viele Lichtwesen hüllten mich ein mit ihrer grenzenlosen Liebe. In diesen Tagen, die die Ärzte als Wachkoma bezeichneten, durfte ich meinen Ursprung sehen und auf einer Ebene des Lichts verweilen, die so himmlisch schön war und ist. Ich wurde gesegnet.

Ich wurde von dem Göttlichen gefragt, ob ich lieber ins Licht heimgehen oder noch einmal auf Erden zurückkehren möchte. Oh, es war nicht leicht, eine klare Entscheidung zu treffen, meine Seele sehnte sich einerseits, nach Hause zu gehen, an diesem friedvollen, himmlischen Ort zu verweilen. Nicht zurückzukehren in meinen schwachen Körper voller Schmerzen. Doch mein Herz erinnerte mich, dass mein Weg noch nicht zu Ende sei, und bat mich, auf Erden zu bleiben – um meine Liebe, mein Licht und meine Berufung weiter voller Freude und mit den neuen Gaben, die mir geschenkt wurden, zu leben und der Liebe zu dienen. Denn ich LIEBE das Leben, ich liebe alle Wesen, und so kehrte ich voller Dankbarkeit mit einem großen JA der Liebe zurück in meinen Körper, um weiter mit so wundervollen Seelen wie dir meinen Weg gehen zu dürfen. Seitdem erfüllt es mich mit liebevoller Dankbarkeit, mit dir und allen Wesen Momente der Liebe zu teilen, denn diese sind für mich Augenblicke der tiefen Begegnung in einem Raum von herzerfüllter Endlosigkeit und wahrer Göttlichkeit.

Nach ein paar Tagen durfte ich die Intensivstation verlassen und mein Heilungsweg begann. Ich wusste und weiß: Alles ist vollkommen und Heilung ist meine Wahrheit. Alles andere ist nur eine Erfahrung, die ich erleben darf und die ich als Geschenk annehmen kann. Ich sehe diesen meinen Weg nicht als etwas Ungerechtes, Hartes, etwas, das ich ablehne, und ich habe an keinem Tag für meine Heilung gekämpft. Der Weg der Liebe ist niemals Kampf und Anstrengung. Dieser Weg ist ein leichter, es ist ein Weg der Hingabe.

Ich erinnerte mich an den Sinn meines Lebens: Es geht nicht darum, mich vor meiner Bestimmung in Bequemlichkeit zu flüchten oder meine Zeit an einem schönen Ort oder einer besseren Ebene des Bewusstseins zu verbringen. Es geht vielmehr um die Vervollkommnung meiner Fähigkeit, mein göttliches Seelenlicht auf Erden zu manifestieren.

Ich durfte das Tor der Angst und der Getrenntheit in meinem Herzen durchschreiten. Als ich wieder an meine Quelle der Liebe zurückgekehrt war, durfte ich wieder sein wie ein Kind, zu Hause an einem unschuldigen Ort des Lichts und der Liebe. Und so geschah meine wahre Heilung durch die Berührung der Liebe und erlöste jegliche Angst vor dem Verlassen- und Hilflossein. Mir wurde eine tiefe Reinigung meines Urvertrauens geschenkt.

Ich wurde von meiner Seele durch die starken Schmerzen zu mir zurückgeführt, um mich ganz hinzugeben, Heilung geschehen zu lassen und alle Schatten zu erlösen. Mein Gottvertrauen trug mich zurück ins Selbstvertrauen und Urvertrauen.

Dieses Urvertrauen ist der heilige Zustand, den wir als Kind gefühlt haben: Als wir voller Vertrauen den ersten Atemzug taten, uns auffangen ließen, laufen lernten und immer wieder, trotz Stürze und kleinen Schrammen an den Knien, Schritt für Schritt weiter ins Leben gingen. Damals hielten mich selbst meine wackligen Kinderbeinchen nicht von dem Wissen tief in mir ab: Ich kann laufen. Ich bin geborgen und werde aufgefangen. Daher ging ich einfach jedes Mal, wenn mich ein negatives Gefühl oder starker körperlicher Schmerz zu überwältigen drohte, in die Liebe.

Das war mein Schlüssel der Heilung in dieser Zeit. Die Liebe transformierte jegliche Erfahrungen von Verlassensein, von Hilflos- und Kranksein, von Getrenntsein. Auch wenn Angst mich manchmal noch verunsicherte, sie beherrschte mich nicht mehr. Das kann jedoch nur stattfinden, wenn ich meiner Göttlichkeit bewusst gestatte, meinen menschlichen Aspekt zu durchfluten. Liebe kann so viel in mir und auf Erden bewirken. Das durfte ich in dieser Zeit so deutlich wie noch nie zuvor erleben.

Ein wichtiges Geschenk meiner Heilung waren meine Gedanken, war mein Yoga und die Engel. All das möchte ich in diesem Buch mit dir teilen.

Dieser Weg hat auch mein Yoga sehr verwandelt. Nach der langen Zeit, in der ich im Bett lag und mich so gut wie nicht bewegen konnte, hatte mein Körper, mein Muskelgewebe sehr stark abgebaut und ich sehr viel Gewicht verloren.

Als meine Körperkraft langsam wieder zunahm und ich mich wieder bewegen konnte, breitete ich in meinem Krankenhauszimmer meine Yogamatte aus und begann täglich mit achtsamen, kleinen Yogaübungen. Immer war ich von Engeln umgeben, ihr Licht schenkte mir die Kraft und die Energie, um jeden Tag ein Stückchen weiterzugehen. Mein Körper erholte sich sehr schnell und nahm sanft, aber beständig innerhalb von einigen Wochen an Kraft und Beweglichkeit zu, sodass die Ärzte von einem Wunder sprachen.

In dieser Zeit wurde die Idee für dieses Buch geboren. Ich erfuhr die heilende Verbindung von Yoga, begleitet und durchströmt von der Liebe und dem Licht der Engel. Seit ich als Kind Yoga praktiziere, waren die Engel immer in meiner Yogapraxis an meiner Seite. Doch in dieser heiligen Zeit der Heilung erfuhr ich die Energie bestimmter Engel in Verbindung mit besonderen Yogastellungen.

Ihre Engelenergie in Verbindung mit Yogaübungen und der Ausrichtung meiner Gedanken auf besondere Affirmationen und Gedankenströme verhalfen mir zu der Erfahrung tiefer Heilung und des Heilseins.

Gedanken sind die Ursache von allem, und mit ihnen als Werkzeug vermochte ich, selbst in dieser herausfordernden Situation eine Welt der Harmonie und Schönheit in meinem Leben zu erschaffen. Mir wurde bewusst, dass ich mit einem einzigen kraftvollen Gedanken mich selbst und meine Umgebung verändern kann.

Wenn Frieden in dir herrscht, strahlst du ihn aus, und Frieden wird die Antwort sein: Ein Raum, in der Furcht und Angst nicht existieren können. Ein Raum, der im Licht deiner erwachten Seele leuchtet wie die Sonne am höchsten Punkt ihrer Reise.

Dein und mein Leben sind eine wundervolle Gelegenheit, für die das Göttliche in uns sich entschieden hat, um alle Formen der Dualität zu erfahren und sich bewusst zu entwickeln.

Und so geschehen Wunder in meinem, in unser aller Leben: Aus unserer Angst wird Stärke, aus unserer Wut Güte, aus der Traurigkeit große Freude. Diese Erfahrung ist die Basis dieses Buches.

Ich bitte darum, dass meine Worte ausreichen mögen, um deine Seele und deinen Geist mit dem kraftvollen Licht des Yoga und der Sanftheit der Engel zu berühren.

Ich umarme dich mit einem Lächeln der Liebe.

Deine Karina

Einleitung

Für viele mag Yoga keinen Bezug zu Engeln haben. Deshalb hoffe ich, dass dir mein Vorwort meinen Bezug zu Yoga und den Engeln vermitteln konnte.

Es gibt gerade in der heutigen Zeit so viele neue Yogaformen, entstanden aus der ständig wachsenden Beliebtheit des Yogas. Immer mehr Menschen praktizieren Yoga, es ist ein Trend geworden. Doch für mich ist Yoga weit mehr. Immerhin sitzen, meditieren und bewegen sich Yogis schon seit über 2500 Jahren, manche sagen seit 5000 Jahren, durch das Yoga in ihr Herz. So habe ich lange gebraucht, mich zum Schreiben dieses Buches zu entschließen. Vor allem, weil es in der heutigen Zeit so viele großartige Bücher über Yoga gibt, in denen alles Wichtige aufgeschrieben wurde. Manche mehr mit intellektuellem Ansatz, andere haben ihren Schwerpunkt mehr in der Weisheit des Yoga, bei wieder anderen hingegen steht der körperliche Aspekt und die Wirkung des Yogas im Vordergrund. Mein Zugang zum Yoga war schon immer das Herz.

Ich denke, einer der wichtigsten Gründe, warum Yoga gerade in dieser Zeit so großen Zuspruch erfährt, ist, dass wir als Menschen hier auf Erden sowohl materiell als eben auch spirituell sind. Wir können keinen dieser Aspekte vernachlässigen, ohne dass der andere darunter leidet. Yoga kann uns helfen, unseren Körper in Einklang mit der inneren und äußeren Welt zu bringen und in die Tiefe unseres Herzens einzutauchen. Yoga schenkt Liebe, Achtsamkeit und Leichtigkeit, und dabei ist es egal, welche der vielen heutigen Yogaformen praktiziert wird. Wichtig ist, dass man über die Trends der Zeit die wahren Hintergründe nicht vergisst und Yoga nicht einfach als eine Art indische Sportart definiert.

Genauso wie das Yoga erfahren auch die Engel in der heutigen Zeit immer mehr Bedeutung. Die Menschen sehnen sich danach, wieder Zugang zu ihrem Herzen zu finden. In meinem Leben waren seit Anbeginn die Engel in meinem Yoga bei mir und an meiner Seite. Durch die Gegenwart der Engel konnte ich noch tiefer eintauchen in die Asanas des Yoga und gleichzeitig eine enorme Tiefe und Spiritualität in meinem Yoga erleben.

Inzwischen darf ich zwei wichtige Aspekte meines Lebens verbinden: Yoga und die Engel.

In meiner Kindheit hatte ich das Glück, Engel, Lichtwesen und das Licht in allem wahrzunehmen. Das Wahrnehmen dieser liebevollen und gütigen Präsenz und das Urvertrauen in diese lichte Welt waren für mich ganz natürlich, und ich empfand die Engel an meiner Seite immer als wundervolle, strahlende Freunde.

Eine ganz besonders tiefe Verbindung hatte ich damals schon zu der göttlichen bedingungslosen, allumfassenden Liebe. Ich durfte diese Liebe zu den Engeln und all den Wesen auf Mutter Erde als Kind ganz frei leben.

Mein erster Kontakt mit Yoga geschah durch meine Mutter in meiner Kindheit. Sie lehrte und praktizierte Yoga in einer Zeit, als es noch nicht so bekannt war wie heute. Unterstützt durch ihre Liebe, habe ich mir von klein auf Gedanken über den Sinn des Lebens und das Warum gemacht. Ich habe immer einen tieferen Sinn im Leben gesucht. Dafür waren die Engel an meiner Seite eine große Hilfe und meine weisen, lichten Ratgeber.

Als ich, geführt durch meine Mutter, mit Yoga begonnen habe, hat diese Suche eine andere Tiefe bekommen. Yoga hat mein Herz berührt und meine Sehnsucht nach der inneren Wahrheit noch intensiver geweckt. Yoga hat mich als Kind nicht nur von meiner Skoliose geheilt, es wurde für mich mein Lebensweg. Ich liebe den spirituellen Aspekt des Yogas und seine philosophischen Hintergründe, und praktiziere und lehre Yoga seitdem ganzheitlich. Yoga gehört zu meinem Leben, genauso wie die Gegenwart der Engel.

Für mich persönlich ist die Frage nach dem Glauben an die Engel nicht relevant. Ich habe die Engel seit meiner Kindheit erleben und erfahren dürfen und weiß, dass es Engel gibt. Sie sind ein Teil meines Lebens und werden es immer sein. Allerdings liegt es mir fern, mit diesem Buch oder generell in meinem Leben, andere, die die Gegenwart der Engel bisher nicht wahrgenommen haben und deshalb an deren Gegenwart zweifeln oder sich einfach auch nicht damit beschäftigen wollen, vom Gegenteil zu überzeugen.

Aber wenn du nicht offen für die Engel wärst, hätte dieses Buch sicher den Weg nicht zu dir gefunden. Auf dem spirituellen Sektor wird sehr viel angeboten und es ist oft schwierig, die richtige Wahl für deinen persönlichen spirituellen Weg zu treffen. Ein guter Rat ist, einfach auf dein Herz zu hören.

Auch ich kann nur meine Wahrheit mit dir teilen. Spüre einfach in deinem Herzen und entnehme diesem Buch, was sich für dich richtig anfühlt, den Rest lass in Frieden gehen.

Öffne dich jetzt in diesem Augenblick und du wirst die Melodie der Liebe tief in dir hören. Diese Melodie bringt dir Segen und das Gefühl, Teil einer Welt des Lichts und der Liebe zu sein, die weit größer ist als jede Liebe in der äußeren Welt – und dennoch ist sie nicht davon getrennt.

Es wird Zeit – Zeit dafür, dass dieses Bewusstsein in uns Menschen immer stärker wird. Und die Zeit ist reif: Die Menschen beginnen, ihre Augen und Herzen zu öffnen, um die Wunder der Liebe und des Lebens zu sehen. Die Menschheit hat die Tiefe berührt, die Dunkelheit gesehen. Jetzt ist es Zeit, nach oben in das Licht zu blicken und zu erkennen.

Nimm einen tiefen Atemzug und trete gemeinsam mit mir ein in eine neue Welt, eine Welt, die dein Licht und deine Liebe braucht. Eine Welt voller Heilung, Frieden, Liebe, Licht, Yoga und Engel.

Wir alle sind immer von der bedingungslosen göttlichen Liebe umgeben. Wenn wir uns ihr hingeben, bekommen wir den Beistand, den wir brauchen, um unseren Weg erleuchtet und voller neuem Bewusstsein zu gehen und durch das Licht der Liebe Tag für Tag Transformation und Erneuerung zu erlangen.

Namasté
Deine Karina

Über die Engel

Seit Jahrtausenden sind Engel sowohl im Orient als auch in der westlichen Welt bekannt. Diese mächtigen, liebevollen Wesen dienen als Boten der Schöpferkraft des Lebens. Als Erzengel helfen sie dem Planeten Erde und den auf ihm lebenden Geschöpfen bei der Entwicklung zum Licht. Als Schutzengel sind sie für einzelne Menschen und ihren Lebensweg, den Erhalt und die Verwirklichung ihres jeweiligen Lebenssinnes zuständig.

In dieser neuen Zeit helfen uns die Engel, die Wahrheit zu erkennen und uns Menschen zu erinnern: Wir sind göttliche Wesen, reine Seelen, die eine menschliche Erfahrung machen. Wenn wir aus den Höhen des Lichtes geboren werden in die Dichte der Materie, fangen wir an zu vergessen, dass wir göttliche Wesen sind. Es ist, als würde durch deine Geburt das Spiel des Lebens beginnen. So, als würdest du in ein Theater gehen. Wenn wir ins Theater gehen, dann »vergessen« wir für eine Weile, dass wir nur Zuschauer, nur Besucher sind. Das, was auf der Bühne passiert, fesselt uns so sehr, dass wir uns darin verlieren.

So ist es auch in unserem Leben. Es ist häufig so aufregend, spannend und anstrengend, dass wir vollkommen vergessen, dass wir eine unendliche Seele sind, die niemals sterben kann und niemals verloren geht. Unser Körper hört irgendwann einmal auf zu funktionieren und unsere Seele verlässt ihn, wie wir jeden Abend unsere Kleidung verlassen. Aber unsere Essenz, unser heiliges Selbst, ist ewig.

Daher hat das Göttliche uns Menschen in all seiner Güte die Engel zur Seite gestellt, um uns daran zu erinnern, dass wir in erster Linie ein spirituelles Wesen sind. Ein Engel ist ein Lichtwesen, das keinen menschlichen Körper braucht und deswegen auch selten gesehen wird. Da die Engel in einer sehr hohen Schwingung vibrieren, ist ihr Kontakt ein sanfter. Selten öffnet sich der Himmel und eine Stimme dröhnt zu uns herunter. Ein Engel spricht leise. Es ist eine zarte Annäherung, die seinem Wesen entspricht. Ein Engel liebt und sieht Gott in allem und hat für alles Verständnis. Nicht nur wir haben Engel, sondern auch jeder Baum, jede Blume, jedes Tier. Alles auf dieser Welt – sichtbar oder unsichtbar – ist von Engeln umgeben. Da Engel nur aus Liebe bestehen, sind sie leicht. Ein Zustand, den wir uns auch für unser Dasein wünschen. Daher können uns die Engel auch in unserer Yogapraxis zur Seite stehen, um den Weg zur Einheit in Liebe und Leichtigkeit zu gehen.

Wir haben neben unserem Schutzengel viele andere Engel, die uns mit Rat und auch mit Tat zur Seite stehen. Da gibt es einige Engel, die uns Weisheit schenken. Andere sind großartig, um uns Mut zu machen. Wieder andere schenken uns Trost und Urvertrauen. Die Engel leben unser Leben nicht für uns. Das ist unsere Aufgabe. Deswegen sind wir hier. Engel sind wie gute Lehrer. Wenn wir es wollen, dann können wir in der Stille – in der es leichter ist, Engel zu hören – unsere Engel um Hilfe bitten.

Die Engel lehren dich, dankbar zu sein für alles in deinem Leben. Sie zeigen dir, wie du auch die dunkelsten Erlebnisse in Liebe und Dankbarkeit annehmen kannst. Ihre lichtvollen Energien verbinden dich mit dem Wunder des Lebens auf allen Ebenen, auch mit dem Wunder des spirituellen Erwachens und Weiterkommens.

So vermitteln dir die Engel, dass Wahrheit nicht allein durch Worte verständlich wird, sondern dir vor allem in der Stille deines eigenen Herzens begegnet. Denn dort, in dem Tempel deiner Göttlichkeit und Liebe tief in dir, wartet das Licht der Wahrheit darauf, von dir empfangen zu werden. Dieses Licht bringt dich in den Zustand der Befreiung und Vollendung deines wahren Wesens.

Wir können uns unserem Schutzengel durch Stille nähern: Durch Meditationen, Gedanken, Gebete und in unserem Fall durch Yoga. Jeder Kontakt ist individuell verschieden. Manche von uns erleben ihren Schutzengel, in dem er sich vor ihnen manifestiert. Andere wiederum fühlen seine Gegenwart, manche schließen die Augen und »sehen« in ihrem inneren Auge seine Gestalt. Es liegt an uns, wie sehr wir uns mit den Engeln beschäftigen wollen.

Viele Menschen glauben, dass nur auserwählte und erleuchtete Menschen mit den Engeln kommunizieren können. Doch ein jeder Mensch ist von den Engeln willkommen und eingeladen, seine Liebe zu fühlen, seine Energie aufzunehmen und seine Botschaften zu empfangen. Entwickle deine Yogapraxis zu einer Begegnung mit deinen Engeln und lade sie ein, mit und durch dich zu wirken. Dann kommt unendlicher Segen in dein Yoga.

Ein alter Yogi sagte einmal, dass die Menschen vergessen haben, woher sie kommen. Über all den äußeren Einflüssen haben wir unser innerstes *Atman* (Sanskrit: der Kern unseres Selbst, das Göttliche) aus dem Blickfeld verloren, und dadurch auch uns selbst verloren.

Gerade in unserer hoch technisierten Wohlstands-, Konsum- und Informationswelt werden wir überschüttet mit Bildern, Eindrücken und Ablenkungen im Außen. Als Gegenpol dazu strebt eine innere Sehnsucht in uns nach Entspannung und nach der Rückverbindung mit unserem Herzen. Das entspricht den Prinzipien des Yoga, denn der wahre Sinn des Yoga geht immer über das Körperliche hinaus. Die meisten Menschen bringen Yoga mit bestimmten Haltungen und Übungen des Körpers in Verbindung. Der physische Aspekt macht jedoch nur einen kleinen Teil seiner uralten Tradition aus.

Man kann durch Yoga Körperkraft entwickeln, seinen Körper neu ausrichten, Spannung lösen und die Atemtechniken und Übungen lassen den Körper stark und gesund werden. Doch letztendlich ist das höchste Ziel von Yoga die Reise nach innen in unser Herz.

Yoga kann uns also auf wundervolle Weise unterstützen, in die Tiefe unseres Herzens einzutauchen. Yoga schenkt Liebe, Achtsamkeit und Leichtigkeit, egal welche der vielen heutigen Yogaformen praktiziert wird. Mir ist es wichtig, dass man über die Trends der Zeit die wahren Hintergründe nicht vergisst und Yoga nicht einfach zu einer Art indischen Sportart herabstuft.

Denn wahres Yoga verbindet. Als Herzensmensch ist mir die Verbindung von Herz und Körper ein wichtiges Anliegen. Yoga bedeutet Einheit. Die buchstäbliche Bedeutung des Wortes Yoga bezeichnet die Wahrnehmung vom inwendig residierenden Selbst – der göttlichen Essenz in uns. Der wahre Weg des Yoga berührt das Herz und durchströmt das alltägliche Leben. Die Engel bereichern uns in dieser neuen Zeit auf einer anderen Ebene. Wenn Yoga also verbindet und eint, was liegt da näher, als die Engel mit deiner Yogapraxis zu verbinden.

Diese neue Qualität des Yoga bewirkt nicht nur eine Öffnung des Herzens, sondern auch ein

Erleben tief empfundener Freude. Die Engelenergie vereint mit den Übungsreihen ergibt ein großes Geschenk und führt dich zu einer Bewusstseinserweiterung und zu einer Ausrichtung auf das Schöne in uns und in der Welt.

In dieser Weise ausgeübtes Yoga verändert einfach alles. Ich finde das Wunderbare an Yoga ist, dass es so viele Wege gibt, die einem das Herz öffnen können und die zur Selbsterkenntnis führen.

Es gibt viele Formen des Yoga, das im Westen bekannteste Yoga wird Hatha Yoga genannt. Diese Yogaform ist die Basis des ANGEL-Yogas. Hatha Yoga fördert den Ausgleich der feinstofflichen Energien im Körper, die durch zwei Elemente dargestellt werden. Ha steht dabei für die Energie der Sonne, als Symbol für Kraft und das männliche Prinzip. Tha ist das silberne Licht des Mondes und steht für Intuition, Gefühle und Weiblichkeit. Hatha Yoga ist ein Weg, diese beiden Aspekte der Aktivität und Passivität auszugleichen. Es ist sicher deshalb bei uns im Westen so beliebt, weil genau dieser Ausgleich der Dualität in dieser leistungsorientierten Welt so notwendig geworden ist.

Ich liebe es, mein ANGEL-Yoga als eine Form von bewegter Meditation zu praktizieren, als ein Gebet mit meinem Körper und meinem Herzen. Im ANGEL-Yoga beziehe ich Affirmationen mit ein – eine bewusste positive Ausrichtung des Geistes –, um einerseits in einer positiven Energie verankert zu sein und um andererseits der Körperbewegung die Richtung zu geben. Dann verbindet man sich mit der Engelenergie, die die Bedeutung der Asanas und ihre Wirkung um ein Vielfaches verstärken kann.

Jede Form der Bewegung oder Haltung im Yoga drückt einen tiefen Aspekt unseres Herzens, unserer Seele aus. So finden wir im Yoga bei den Rückbeugen den Aspekt der Offenheit für die höchsten Kräfte und bei den Vorwärtsbeugen die tiefe Dankbarkeit und Demut vor dem Leben. Es gibt so viele Haltungen im Yoga und in jeder finden wir ein Geschenk, wenn wir die Haltung in ihrer wahren Bedeutung praktizieren.

Im aus dem Herzen praktizierten Yoga und verbunden mit den höchsten Schwingungen des Lichts durch die Engel möchte ich meinem Körper gegenüber meine vollkommene Wertschätzung und Dankbarkeit ausdrücken. Ich nehme seine Bedürfnisse wahr und folge ihnen. Mein Atem lässt mich nach innen fühlen und ich achte auf alle Botschaften, die mir mein Körper und die Engel schenken.

Diese liebevolle Sorgfalt und Zuwendung, die ich mir selbst während meines Yogas gebe, und das Licht der Engel, das mich durchströmt, kann ich dann in meinem Alltag meinen Mitmenschen und allen Wesen schenken. So übe ich mein ANGEL-Yoga, um mir selbst etwas zu schenken und mich zu erfüllen, und um dann aus all dieser Herzensfülle die Welt zu beschenken.

Freude begleitet jeden Atemzug meiner Praxis. Sollten wir das Yoga ohne Freude, ohne Liebe und Achtsamkeit praktizieren, können wir uns nicht mit unserem Innersten verbinden. Wir brauchen die Achtsamkeit, die Liebe und das tiefe Verständnis und die Geduld, um auf unserem Weg Schritt für Schritt nach Hause zu gehen.

Ich glaube aus tiefem Herzen, dass in uns alles vorhanden ist, was wir benötigen. Mehr noch, dass wir in uns vollkommen sind. Doch es braucht Hingabe, Vertrauen und auch manchmal sanfte Disziplin, um diese inneren göttlichen Geschenke, die wir seit Anbeginn in uns tragen, in uns wiederzuentdecken. Wir alle sind Teil des großen Schöpfers und der Schöpfung, und der Weg des Yogas hilft uns, diese Verbindung zu dem Göttlichen anzunehmen. Wenn du die Engel bittest, dich dabei zu unterstützen, sind wahre Wunder möglich.

Indem du deinen Körper, deinen Geist und dein Herz weit den Energien des Lichts und der Liebe öffnest und dich den Engeln hingibst, rufst du das wach, was im Yoga Shakti genannt wird. Es ist die in deinem Inneren wohnende göttliche Essenz. Wenn wir Verbindung zu dieser Quelle erhalten, schöpfen wir aus dieser Quelle tiefes Selbstvertrauen, und wahre Selbstverwirklichung ist möglich. ANGEL-Yoga ist ein wundervolles Werkzeug, um uns selbst weiterzuentwickeln, um Körper, Geist und Seele in Einklang zu bringen. ANGEL-Yoga ist gelebtes Mitgefühl, Gnade und Liebe bei allem, was wir tun. In unserer Yogapraxis üben wir das uns selbst gegenüber, gehen dann hinaus in unser Leben und verströmen dieses innere Licht in die Welt.

Das Ziel von ANGEL-Yoga ist, Yoga als eine innere Transformationstechnik und Lebenseinstellung zu sehen, die die Welt zu einem schöneren und herzlicheren Ort machen kann. Gib dir den Raum, in dem du dich vom Groben zum Feinstofflichen, von Widerständen zum Loslassen und von negativen Gedankenmustern zu purer Freude, Lebenslust und Zufriedenheit bewegen kannst.

ANGEL-Yoga ist ein Weg der Selbst-Erkundung, eine praktische Philosophie für den Alltag, um selbstlos zu handeln und dein Herz zu öffnen, damit du dich mit allem verbunden fühlst und die allgegenwärtige göttliche Liebe spüren kannst. Einziges Ziel ist es, den Menschen wieder mit seinem Ursprung, seiner Seele und seinem Licht zu verbinden, damit er wieder von der Fülle und den Wundern des Lebensreichtums kosten kann.

ANGEL-Yoga zeigt uns einen Weg, um unsere Herzensschwingen zu öffnen und uns auf das Abenteuer des Unbekannten einzulassen. Alles, was du dafür brauchst, sind Neugier, ein weites Herz und kindliche Freude. Genau dieses Erfahren ist für mich das Einzigartige an diesem Yogasystem: Ich suchte lebendige Erfahrung, die sowohl die materielle Ebene einschließt als auch Zugang zu einer höheren, göttlichen Ebene vermittelt, und fand es im ANGEL-Yoga. Niemand kann diesen Weg für dich gehen. Aber das Göttliche hat uns Menschen auf Erden kostbare Werkzeuge geschenkt, die uns das Heimkehren leichter machen. Und diese göttlichen Geschenke sind Helfer des Lichts, wie die Engel, um uns den Weg zu erhellen.

Nimm dir Zeit für dich, Zeit für deine Praxis, und du wirst schließlich zu jenem heiligen Ort in dir gelangen, in dem du deine Verbindung mit dem Göttlichen erkennst und dir erlaubst, das göttliche Wesen zu sein, das du schon immer warst, bist und sein wirst. Das zu erfahren ist ein Moment großer Freude und unendlicher Liebe.

In dieser neuen Zeit werden den Menschen so viele Wege der Wahrheit geschenkt und ich bitte dich: Öffne dich. Gebe dich hin. Fühle die Wahrheit, lasse sie dein Schlüssel sein, und dann lebe sie in Liebe.

Vielleicht bist du, wie ich, schon lange auf der Suche, die Schleier zu durchdringen, die zwischen der Welt der Materie und der göttlichen Welt liegen. Für mich ist Yoga mit dem Licht der Engel eine dieser großen Wahrheiten: Ein Weg in die Liebe. In uns ist alles vorhanden, was wir brauchen. In uns wohnt die göttliche Medizin. Das Licht der Liebe – wir dürfen wieder lernen, es zu nutzen. Zu unserem Wohle und zum Wohle aller Wesen.

Die Engel erwarten dich voller Liebe.

Wege des Yoga

Der Weg des Yoga führt dich zu dir selbst. In dir ist alles, wonach du jemals im Außen gesucht hast. Alles ist tief in dir. So, wie in einer kleinen Kastanie schon ein großer, mächtiger Kastanienbaum angelegt ist, so ist auch in dir etwas unermesslich Großes. Es ist dir bestimmt, dieses Große zu entfalten wie Flügel. Und deine Zeit ist *jetzt*.

In deinem ANGEL-Yoga wirst du zu dir selbst hinwachsen – und über dein menschliches Sein in deine wahre Göttlichkeit hinauswachsen. Dabei bist du geführt und begleitet von deinen himmlischen Freunden – den Engeln. Immer im Bewusstsein: Du bist lebendiger Geist und auf einer Reise, um eine wundervolle, menschliche Erfahrung zu erleben.

Beginne also dein Yoga und erforsche, wer du selbst bist. Genieße hierbei deine ganz eigenen Erfahrungen und praktiziere wie ein Kind in Freude und ohne Erwartung. Bitte fühle die Freude in deiner Yogapraxis mit den Engeln.

Es liegt ein Segen, ein Zauber über deiner Yogapraxis, auf diesen ersten Schritten zu dir selbst. In dir wohnt deine göttliche Gegenwart wie Schwingen des Lichts, die nur darauf warten, sich entfalten zu dürfen und heim ins Licht zu fliegen. Dann wird Yoga zu einem Seinszustand. Je mehr sich dein Bewusstsein entwickelt, desto weiter dehnt sich das Gefühl der Verbundenheit und Einheit mit allen Wesen aus.

Schenke dir deine Yogapraxis und sei gut zu dir. Sich wohlzufühlen ist wundervoll, und wenn du dich selbst in deinem Yoga beschenkst, ist das die Voraussetzung für ein liebevolles Miteinander auf Erden. Du kannst nur das verschenken, was du selbst in dir trägst. Wenn du dein Yoga mit dem Herzen und in göttlicher Verbindung – in diesem Fall mit den Engeln – praktizierst, findest du zurück zu dir selbst und eine Sichtweise des reinen göttlichen Herzens wird immer mehr die deine sein. Das Yoga des Herzens ist vergleichbar mit einer Reise, auf der du immer wieder Neues über dich selbst entdecken wirst, damit du jeweils höhere Formen der Liebe zum Ausdruck bringen kannst. Bis du letztendlich zur bedingungslosen Liebe fähig wirst.

Dann hast du ein Stadium erreicht, in dem die universelle Liebe ungehindert durch dich flie-

ßen kann. Dieses Bewusstsein ist ein großer Segen des Yogas für dich. Es wird eine neue Beziehung zu dir selbst sein und die Welt um dich herum bereichern und erheben.
Du wirst aus tiefstem Herzen sagen können:

Namasté – Ich bin du

Wichtige Aspekte des Übens

DIE INNERE AUSRICHTUNG

Es ist wichtig, dass du dir zu Anfang deiner Yogapraxis eine Intention setzt. Fühle in dein Herz und überlege dir, was du in deinem Leben gern intensivieren oder verbessern möchtest, beispielsweise Mitgefühl oder Dankbarkeit. Schließe vor jeder Yogaübung deine Augen und verbinde dich mit deiner Intention. Das, worauf du deine Aufmerksamkeit richtest, wächst dann in dir. Die Energie und damit deine Schöpferkraft folgt deinen Gedanken und wird zur Realität.

Wenn du deinen Geist und dein Herz in eine Richtung bringst, gibt das deinem Handeln eine große Kraft. Deine Spiritualität, wie auch immer du sie definierst, wird deinen Körper erfüllen, und er strahlt aus, wer du von deiner Seele aus bist – und wofür du hier auf Erden gekommen bist.

Benutze auch die Kraft der Visualisierung. Stelle dir vor, wie das Licht des Engels, den du eingeladen hast, bei deiner Yogapraxis deinen Körper, deinen Geist und dein Herz umhüllt und durchdringt. Du kannst auch gezielt einen Erzengel einladen und damit die Wirkung und Schwingung deiner Intention um ein Vielfaches verstärken.

ASANA

Asanas sind Körperstellungen im Yoga. Viele Menschen sehen die Asanas lediglich als Körperübungen, deren Ziel es ist, den Übenden gesünder zu machen und mit Energie aufzuladen. Die wahre Natur der Asanas liegt jedoch tiefer: Durch das Halten bestimmter Körperpositionen wird eine Veränderung tief liegender energetischer Muster, die unser Denken, Fühlen und Wahrnehmen bestimmen, wahrgenommen. Leider werden im westlichen Yoga oft die Wirkungen der Asanas auf die körperliche Ebene beschränkt.

Für die Praxis der Asanas sollte man jedoch verstehen, dass ihre Wirkungen auf der körperlichen Ebene zwar bedeutsam sind, aber die verschiedenen Asanas ihre volle Wirkung erst in den feinstofflichen Ebenen entfalten. Yoga ist mehr als reine Asana-Praxis, es hat mehr zum Ziel, als fit zu sein und gut auszusehen. Es ist eine spirituelle Praxis. Wenn wir uns nur auf unseren Körper fokussieren, verlieren wir den Wert von Yoga als Ganzes. Anstatt deinen Körper und dich über deine Grenzen hinaus zu verbiegen, um deine Zehen zu berühren, berühre lieber dein Herz. Dann praktizierst du Yoga und nicht nur Asanas.

DIE ATMUNG IM YOGA

Es gibt einen wundervollen Spruch über den Atem aus dem Essener Evangelium:

> Wir verehren den heiligen Atem, der höher ist als alle erschaffenen Dinge. Denn siehe, der ewige, höchste Lichtraum, wo die unzähligen Sterne regieren, ist die Luft, die wir einatmen, und die Luft, die wir ausatmen. Und im Augenblick zwischen Einatmen und Ausatmen liegen alle Mysterien des unendlichen Gartens verborgen.

Das Atmen ist auch im Yoga ein wichtiger Bestandteil. Der Atem (Prana) ist weitaus mehr als lebenswichtiger Sauerstoff. Betrachte den Atem als kosmische Energie, von der du durchströmt wirst. Prana ist die Lebensessenz, die alle Bewegung, alles Leben, jeden Gedanken bewirkt und ermöglicht. So stellt der Atem nicht nur eine wichtige Nahrung für den Körper dar, sondern auch für Geist und Seele.

Die richtige Atmung in den Asanas ist wichtig für die Sauerstoffsättigung der Körperzellen, insbesondere der Muskelzellen, die in den Asanas aktiv eingesetzt werden. Nachdem du dich bei den Asanas ausgerichtet hast, lenke also deine Aufmerksamkeit wieder auf deinen Atem und beginne dich in jede Stellung und Bewegung hineinzufühlen. Lasse dich vom Atem führen. Tiefe Atmung hilft dir, noch tiefer in die Asanas einzutauchen und gibt dir die Möglichkeit, ihre Wirkung noch tiefer zu spüren.

Erinnere dich immer wieder daran, tief und frei durchzuatmen und dem Körper Zeit und Raum zu geben, sich zu weiten, zu öffnen, loszulassen, die Stille vor dem neuen Atemzug zu spüren und den neuen Moment ganz natürlich beginnen zu lassen.

Die körperlichen Positionen allein machen dich nicht unbedingt zu einem glücklicheren, spirituelleren und zufriedeneren Menschen. Aber wenn du erfüllt bist von der Absicht zu transformieren, und du aus dieser Absicht heraus atmest, dann beruhigt sich dein Geist und das energetische Herzzentrum beginnt sich zu öffnen. Sobald das geschieht, entsteht Anmut und Wandel. Die Yoga-Haltungen und der Atem sind göttliche Geschenke.

VINYASA — FLOW

Flow oder auch Vinyasa bezeichnet die Art, wie manche der Asanas ausgeführt werden: Die Abfolge der Haltungen gehen ineinander über und werden im Fluss ausgeführt. Sie verbinden Atmung und Bewegung, Kraft und Flexibilität, innere Stille und Lebendigkeit.
Im yogischen Sinn bedeutet Flow die Verbindung mit dem eigenen Zentrum im Körper und zum Kosmos. Vinyasa wird zur Erfahrung der Yoga-Energien und des Durchströmenlassens des Körpers von purer Energie. Es ist das Verschmelzen mit der Einheit, die wie ein kosmischer Puls die Vielfalt aus sich heraus erschafft und diese wieder in sich absorbiert. Unendlich und unaufhörlich.

Die Asanas

Einstimmung

LADE DIE ENGEL EIN

Setze dich in einen bequemen Sitz und forme mit deinen Händen das Dhyana Mudra. Dhyana Mudra ist eine Handhaltung für die Meditation. Hierbei liegt der rechte Handrücken auf der linken Handfläche. Die Daumenspitzen berühren sich und die Hände verweilen im Schoß. Dhyana Mudra verkörpert den Zustand des inneren Lichts.

Schließe deine Augen und komme ganz in dir an. Nimm ein paar sehr tiefe Atemzüge. Atme einfach ganz tief ein und sage dir: Ich öffne mich dem Licht meiner Seele. Ich öffne mich der Liebe meiner Seele. Ich öffne mich dem Licht und der Liebe der Engel und lade die Engel voller Liebe in meine heutige Yogapraxis ein.

Du spürst die Energie, die dabei frei wird – die Kraft, die in der Liebe liegt und die mehr wird, je mehr du sie fließen lässt.

Spüre dieser deiner Wahrheit nach. Fühle das Licht und die Liebe in all deinen Zellen, in deinem gesamten Wesen.

Es gibt nichts zu tun, um das zu verändern. Es geht in diesem Moment nur darum, dass dein Herz sich in deiner Yogapraxis genauso öffnet und ausdehnt wie dein Körper.

Vielleicht kannst du dich mit jedem Atemzug mehr öffnen. Je weiter du dein Herz öffnest, umso tiefer kann das Licht in dich hineinfließen, und mit jedem Ausatmen tauchst du tiefer ein zu dir selbst, tiefer in dein eigenes Sein, tiefer dorthin, wohin du dich schon so lange sehnst.

Gewähre dir selbst Raum und Aufmerksamkeit. Du hast es verdient. Lass dein Herz sprechen, dein Licht leuchten und deine Seele tanzen. Es ist jetzt an der Zeit, deiner Seele mit Unterstützung der Engel zu erlauben, dein ganzes Wesen zu erleuchten und mit offenem, liebendem Herzen zu leben.

Lege nun deine Hände auf dein Herzzentrum.

Schließe deine Augen und gehe einige Male in die Herzatmung. Lade dabei die Liebe und das Licht der Engel in deine heutige Yogapraxis ein.

Mit jedem Einatmen öffne deine Hände wie in einer Umarmung zur Seite und empfange die reine bedingungslose Liebe der Engel. Und mit jedem Ausatmen führe deine Hände, angefüllt mit der reinen Liebe der Engel, sanft in dein Herz zurück.

Stelle dir dabei vor, wie sich dein Herz weit öffnet und die strahlenden Engel dich vollkommen umarmen und dich einhüllen in rosafarbenes Licht.

In dieser göttlichen Umarmung der Liebe kann keine Trennung existieren. Tiefe Liebe und eine Verbundenheit mit allem Leben lassen dein Herz und dein ganzes Wesen erstrahlen.

Lege deine Hände wieder ganz ruhig auf dein Herz und spreche laut oder leise:

> Ich bin ein wunderbarer Mensch. Ich bin einzigartig und nehme meine Einzigartigkeit voller Dankbarkeit an. So, wie ich bin, bin ich genau richtig und so, wie ich bin, liebe ich mich. Alles an mir ist liebevoll und in vollkommener Harmonie! Ich bin ein vollkommenes Wesen. In mir und im Außen ist nun Liebe.

Dein Herz weitet sich, und alles, was dich bisher beschäftigt oder belastet hat, löst sich in der strahlenden Liebe auf. Du spürst plötzlich allen Wesen gegenüber eine tiefe Liebe.

Eine tiefe Erkenntnis der Einheit, die jegliche Dualität überwunden hat, breitet sich in dir aus.

Du bist erfüllt und bereit, deine Yogapraxis im Licht der Engel und in deiner Liebe zu praktizieren. So komme sanft zurück.

ENGELMEDITATION IN BEWEGUNG

Diese Engelmeditation, angelehnt an das Kundalini-Yoga, hilft, die Rückenmarksflüssigkeit zu aktivieren, das Hormonsystem zu harmonisieren und Giftstoffe abzubauen. Es stimuliert die 26 Rückenwirbel, den Sitz des Lebens. Ich bitte dich, dabei die Augen zu schließen, um eine tiefere Erfahrung zu erlangen und um dich noch intensiver mit den Engeln verbinden zu können. Halte deinen Fokus auf dein drittes Auge und dein Herz.

Fühle, wie die Energie durch deine vier Energiepforten des Körpers strömt, die in Zusammenhang mit den sieben Chakren deines Körpers stehen. Auch wenn die Seele unabhängig vom Körper existieren kann, sind Seele, Energiekörper, Bewusstsein und physischer Körper für die Dauer der Inkarnation eine geschlossene Einheit. Der Körper ist sozusagen festere Energie und alle Probleme in den geistigen und energetischen Bereichen bilden sich unweigerlich auch im Körper ab – sei es in Form von Krankheiten oder von Verspannungen.

Deshalb können auch körperliche Übungen, wie die folgenden Aufwärmübungen des ANGEL-Yogas, heilenden, harmonisierenden Einfluss auf energetische Bereiche nehmen. Verbunden mit bewusster Wahrnehmung, Atmung und Energiearbeit kann dein Yoga deshalb auch eine ausgleichende Wirkung auf deine Chakren entfalten.

Dein erstes Chakra, das Wurzelchakra, befindet sich zwischen Anus und Genitalien. Das zweite, das Sakralchakra, befindet sich etwa eine Handbreit unter dem Bauchnabel. Das dritte, das Solarplexuschakra, liegt direkt über dem Sonnengeflecht, etwa in Höhe des Magens. Es ist ein zentraler Knotenpunkt der Nervensysteme des Körpers. Das vierte Chakra ist das Herzchakra, es liegt in Höhe des Herzens. Das fünfte ist das Halschakra, das sechste das Stirnchakra, das sich zwischen den Augenbrauen befindet. Einige Zentimeter über dem Scheitelpunkt des Kopfes sitzt dein Kronenchakra.

In den alten Mysterien wurden die heute bekannten sieben Chakren in vier Pforten (Energiezentren) vereint. In diesen vier Pforten fließt durch deine Yogapraxis heilende Engelenergie und harmonisiert dadurch dein Energiesystem und die sieben Chakren. Die Aufwärmübungen sind deshalb eine wundervolle Vorbereitung für die nachfolgende Yogapraxis.

Hier eine kurze Übersicht zu den Energiepforten und ihre Verbindung mit deinen Chakren:

Die Erdpforte – das Wurzelchakra

Die Erdpforte steht in ihrer Bedeutung für Urvertrauen, Frieden, Lebenskraft und das Gefühl der Geborgenheit.

Die Sonnenpforte – das Sakralchakra und das Solarplexuschakra

Die Sonnenpforte steht für die Freude, Ermächtigung, Selbstbewusstsein und die innere Weisheit.

Die Herzpforte – das Herzchakra und das Kehlkopfchakra

Die Herzpforte steht für Vergebung, Heilung, Liebe, Wahrhaftigkeit und Freiheit.

Die Himmelspforte – das Stirnchakra und das Kronenchakra

Die Himmelspforte steht für Selbsterkenntnis, Intuition, Bewusstheit, Spiritualität und das göttliche Einssein.

AKTIVIERUNG DER ERDPFORTE — ERZENGEL URIEL

Setze dich in einen bequemen Sitz. Fühle in deine Pforte der Erde, am unteren Ende der Wirbelsäule. Hier sitzt die Verbindung zu Mutter Erde. Da Erzengel Uriel der Hüter und Engel der Erde ist, kannst du seine heilenden Energien und seine Gegenwart in diese Bewegung einladen, indem du leise oder laut sprichst:

Erzengel Uriel, Engel der Erde. Ich bitte dich, öffne meine Pforte der Erde und erfülle mich mit Urvertrauen, Lebenskraft und Frieden.

So beginnst du die Bewegung: Beuge einatmend deinen Oberkörper nach vorn mit einem sanften Hohlkreuz und offenem Herzen. Schließe deine Augen, aber öffne dein drittes Auge, das sich in der Mitte deiner Stirn zwischen den Augenbrauen befindet.

Fühle und erfahre immer mehr Licht in dir. (1)
Ausatmend führe deinen Oberkörper nach hinten
mit einem sanften runden Rücken. (2)
Führe diese Bewegungen nun drei Minuten lang in
rhythmischen, fließenden Bewegungen aus. Fühle
die Energie von Erzengel Uriel wie ein heilendes
Licht, das immer mehr deine erste Pforte erfüllt und
durchströmt. Es entsteht eine tiefe Verbindung zu
allem Leben in dir. Ein inneres Lächeln der Freude
lässt dich dabei erstrahlen.

Deine ursprüngliche Lebenskraft beginnt in dir zu wachsen.

Der vierte Wirbel deiner Wirbelsäule öffnet sich immer mehr und deine Kundalini-Energie erwacht.

Die aktivierte Kundalini-Energie hilft dir, die Chakren und den zentralen Energiekanal von Blockaden zu befreien, und so das gesamte System für das Einströmen des kosmischen Bewusstseins der Engel und des Göttlichen zu öffnen.

Dann werde still und richte dich auf. Atme tief ein, halte den Atem für zehn Sekunden an und sage dir:

Ich bin voller Urvertrauen und Lebenskraft. Ich bin willkommen, geliebt und geborgen in der Liebe des Lebens.

Nun atme aus und fühle, wie die Energie der Lebenskraft von deiner Erdpforte durch dein ganzes Sein strömt.
Nimm jetzt die Hände vor deinem Herzen zusammen und bedanke dich bei Erzengel Uriel.

Fühle in deine Pforte der Sonne, im Bereich um deinen Bauchnabel. Deine Sonnenpforte vereint das Sakralchakra mit dem Solarplexuschakra. Hier sitzen dein Selbstbewusstsein, deine Kraft, aber auch deine Gefühle. Erzengel Michael ist der Hüter dieser Pforte und auch des Elements Feuer. Du kannst seine heilenden Energien und seine Gegenwart in diese aktivierende Bewegung einladen, indem du leise oder laut sagst:

> Erzengel Michael, Engel des Feuers, des Schutzes und der Selbstermächtigung. Ich bitte dich, erlöse mit deinem Schwert aus Licht alle alten Schatten, die sich über meine innere Sonne gelegt haben, und erfülle mich mit Selbstbewusstsein, Ermächtigung und sonniger Freude.

Und so beginnst du die Bewegung: Du sitzt wieder in einem bequemen und aufrechten Sitz und schließt deine Augen. Halte deinen inneren Blick auf dein drittes Auge gerichtet und fühle dein inneres Licht und die Gegenwart von Erzengel Michael in deinem ganzen Sein. (1)
Beginne nun, sanft mit deinem Körper zu kreisen. (2)
Mit dem Einatmen fließt du nach vorn, und beim Ausatmen über die Seite zurück. (3)
Lass deinen Kreis mit deinem Brustkorb immer fließender, immer transformierender werden und fühle, wie das Feuer von Erzengel Michael alle alten Schatten, Blockaden und Widerstände aus deiner Sonnenpforte erlöst. Immer mehr beginnt deine Sonnenpforte zu strahlen und zu leuchten, wie die göttliche Sonne in dir.

1

Alles in dir fließt im ewigen Kreislauf der Schöpfung. Erkenne, dass du aus Kreisen in Kreisen entstanden bist. Kreise in Kreisen, die Blume des Lebens, dort, wo sich Kreise in Kreisen überschneiden, entsteht Sein.

Erkenne dich in den Kreisen deines Lebens, in den Kreisen deiner Inkarnationen, in den Kreisen deines Handelns. Fühle in deiner Sonnenpforte das Strömen von Licht wie eine Spirale, und alle Wolken, die sich jemals vor deine innere Sonne geschoben haben, werden erlöst und erleuchtet.

Dann werde still und richte dich auf. Atme tief ein, halte den Atem für zehn Sekunden und sage dir:

> Meine innere Sonne strahlt und leuchtet voller goldener Freude und Selbstermächtigung.
>
> Ich bin mir meines göttlichen Selbst vollkommen bewusst. Ich bin fließendes Sein voller Kraft und Weisheit.

Nun atme aus und fühle, wie die Sonnenpforte, verbunden mit der Energie von Erzengel Michael, golden ihr Licht der Kraft und Freude durch dein Wesen strömen lässt.

Nimm jetzt die Hände vor deinem Herzen zusammen und bedanke dich bei Erzengel Michael.

Setze dich wieder aufrecht und gehe mit deinem Bewusstsein in deine Herzpforte, die in der Mitte deines Brustkorbs sitzt. Deine Herzpforte vereint das Herzchakra mit dem Kehlkopfchakra. Hier wohnt dein göttliches Herz, bedingungslose Liebe und wahres Heilsein. Erzengel Raphael ist der Hüter dieser Pforte und auch des Elements Luft. Seine Energie der Liebe und Heilung erfüllt dein ganzes Wesen mit jedem Atemzug.

Lade nun seine tiefe Heilkraft und seine heilende Liebe in diese öffnende und befreiende Bewegung ein, indem du leise oder laut sprichst:

> Erzengel Raphael, Engel der Heilung, der Liebe und der Vergebung. Ich bitte dich, erlöse mit deinem Licht der Heilung alle alten Begrenzungen, Schatten, Krankheit und Schuld und erfülle mich mit Freiheit, Vergebung, bedingungsloser Liebe und einem tiefen HEILSEIN.

So beginnst du die Bewegung: Lege deine Finger auf deine Schultern, die Daumen zeigen nach hinten. Hebe deine Ellenbogen auf Schulterhöhe und waagerecht zum Boden. Dadurch aktivierst du die Lymphen des Herzens, mit Sitz unter deinen Achseln. (1)

1

2

Einatmend beginne dich nach links zu drehen. (2) Ausatmend
drehe deinen oberen Rücken nach rechts. Finde wieder einen
fließenden Rhythmus. Atme tief und nimm die Befreiung
von allen Grenzen wahr, erlöse so alle Enge in deinem
Brustkorb und in deinem Herzen.

Spüre das heilende Licht von Erzengel Raphael in deinem
ganzen Sein. Nimm wahr, wie sich dein Herz öffnet und
deine Schilddrüse sowie deine Thymusdrüse harmonisiert
werden.

Du nimmst wahr, wie die Flamme der Liebe und die der
Wahrheit von nun an stets in deinem Herzen strahlen.
Auch wenn es manchmal noch so schwer ist, in der
Wahrheit der Liebe zu leben: Lass die Welt mit all
ihren Konflikten und ihren Problemen mit
jedem Ausatmen und in jeder Drehung los
und bewahre in deinem Herzen die Schönheit und Harmonie der Liebe.

Zum Abschluss lass die Bewegung mit den Ar-
men immer höher gehen, um die Lymphbahnen unter den Achseln noch mehr zu aktivieren.
Erlaube, dass immer mehr und mehr Liebe in dein Herz fließen darf: tiefer und tiefer, sodass dein Herz reiner und weiter wird, mehr und mehr durchlichtet, mehr und mehr gött-
lich. (3)

Ganz oben angekommen, öffne die Hände und empfange heilendes Licht von Erzengel
Raphael und sage:

> Ich bin heil im heiligen Licht der Liebe. Heilige, heilende Liebe erfüllt mein ganzes We-
> sen und schenkt mir strahlende Gesundheit. In der Liebe bin ich wahrhaftig und frei.

Dann führe dieses Licht in der Gebetshaltung zum Herzen, trage die hohen Schwingungen
der Liebe in dein Herz und in dein Yoga. Die Liebe ist die Essenz, die alles verbindet, alles
trägt und ewig fließt, ohne Anfang, ohne Ende.

Bedanke dich bei Erzengel Raphael für seinen Beistand und die Energie der Liebe.

Fühle nun in deine Himmelspforte am höchsten Punkt deines Kopfes. Deine Himmelspforte vereint das dritte Auge mit dem Kronenchakra. Hier sitzt deine Verbindung zu dem reinen göttlichen Bewusstsein, zu Gott und deiner Göttlichkeit, deiner Seele. Durch diese Verbundenheit erwächst in dir das göttliche Gefühl von Einheit, einem EINSSEIN mit allem, was ist. Erzengel Gabriel ist der Hüter dieser Pforte. Er ist auch der Erzengel des Elements Wasser. So kannst du dir sein strahlendes Licht wie einen göttlichen Wasserfall vorstellen und die Rückverbindung mit Gott in dir und seine Gegenwart in diese erhellende Bewegung einladen. Da deine Seele aus sehr hoch schwingenden, strahlenden, pulsierenden feinstofflichen Aspekten des Lichts besteht, ist die reine Energie von Erzengel Gabriel eine große Hilfe für dich, sodass sich die Schwingung deiner Seele mit deinem menschlichen Aspekt vereinen kann.

Lade Gabriel ein, indem du leise oder laut sprichst:

> Erzengel Gabriel, Engel des Lichts, der Reinigung und der Einheit. Ich bitte dich, schenke mir innere Klarheit und reinige mein Bewusstsein von allen Schatten der Getrenntheit und des Zweifels. Erfülle mich mit reinem, weißem, göttlichem Licht. Lass mein strahlendes heiliges Selbst zutage treten und erhebe mich in die Schwingung der Einheit.

So beginnst du die Bewegung: Schließe deine Augen, richte dich sanft und bewusst auf und rufe mit dem Beistand des Engels nun die Gegenwart deiner Seele. (1)

Fühle, wie deine Seele dich sanft mit ihrem strahlenden Licht berührt und Heilung, Frieden, Liebe und Erleuchtung durch deinen Körper, durch dein Herz, in dein

1

Gemüt bis in die äußersten Ecken und Winkel deines Seins
strömen lässt. (1)

Langsam beginnst du, deinen Kopf ganz achtsam kreisen
zu lassen. Einatmend fließt dein Kopf sanft geführt
von deinem Atem nach hinten.

Wenn der Atem sanft ausströmt, kreise deinen Kopf über
die Seite nach vorn. Dein Kopf kreist, geführt von himm-
lischer Schwingung. (2) Du visualisierst währenddessen ein
strahlendes weißes Licht in deinem Kopf, das sich immer
mehr ausbreitet, sodass dein Wesen sich in seiner
vollen Schönheit öffnen kann und mit jedem
Herzschlag, mit jedem Atemzug die liebevolle Gegenwart deiner Seele annimmt.

Langsam findest du zurück zu deinem
eigenen unbegrenzten Wesen, zu deiner wahren Natur. Gib dich in diesem
Kreisen des Kopfes für einige Momente ganz
dem Licht und der grenzenlosen Liebe deiner
Seele hin.

2

Dann werde still und richte dich auf. Spüre nach und erlaube dir, das Licht deiner Seele vollkommen zu integrieren. Du bist jetzt in Einheit mit der Freude, dem Licht und der Liebe
deiner Seele. Atme tief ein, verbinde dich mit dem reinen Licht von Erzengel Gabriel. Dann
halte den Atem für zehn Sekunden an und sage dir:

> Ich bin EINS mit Gott und Gott ist EINS mit mir. Verbunden mit der Gegenwart mei-
> ner Seele nehme ich mein eigenes Bewusstsein als Licht wahr. Ich bin Licht. Ich bin
> Liebe. Ich bin ein göttliches Wesen des Lichts und der Liebe. Ich bin Seele. Das ist
> meine Wahrheit.

Dann atme aus. Fühle, wie deine Himmelspforte im reinen göttlichen Licht erstrahlt und dieses durch dein ganzes Wesen strömen lässt. Gebadet in dem Himmelslicht, nimm die Hände
vor deinem Herzen zusammen und bedanke dich bei Erzengel Gabriel.

Sukhanasana

DER FLOW DER FREUDE

Diese Asana öffnet deine Lungen und deine Rippenbögen, um wahre Freude in dir zu entdecken und wiederzufinden. Tauche ein in eine Welt voller Achtsamkeit, Leichtigkeit und Entspannung und nimm das Gefühl der Leichtigkeit und Freude mit in dein Yoga und dein Leben. Denn Yoga ist Freude, Freude ist der heilige Zustand deiner Seele. Freude ist ein wohliges Glücksgefühl, das tief im Inneren seine Wurzeln schlägt und dann wächst und wächst. Es lässt die Seele fröhlich strahlen und hilft, dabei achtsam und selbst-bewusst zu sich selbst zu finden.

Im heilenden Yoga sagt man, dass in den Rippen und in den Lungen alte Traurigkeit sitzen kann. Daher öffne deine Lungen, weite deine Flanken und Rippenbögen und lade Erzengel JOPHIEL, den Engel der Freude ein, dich bei dieser Asana zu unterstützen, und deinen Körper, deinen Geist und dein Herz mit Freude zu erfüllen.

Erzengel Jophiel hilft dir, dein Leben positiv zu sehen, er erfüllt dein Herz mit Wärme, Dankbarkeit und Freude.

Die Energie von Erzengel Jophiel stärkt das Licht in dir und speist deine Quelle der Weisheit und Freude. Dieses Licht ist der Urstrom der Freude und durchzieht den ganzen Kosmos. Es hilft dir zu erkennen: Dein Weg auf Mutter Erde darf in Leichtigkeit und Freude gegangen werden. Das gilt auch für dein Yoga: Wenn dir deine Yogapraxis Freude bereitet und in Leichtigkeit praktiziert wird, dann ist das ein sicheres Zeichen, dass du dein Yoga mit und aus deinem Herzen übst.

Jophiel erinnert dich daran, dass es in dir und an dir liegt, Freude zu erfahren, egal, was du in deinem Leben gerade machst.

Rufe den Erzengel der Lebensfreude und fühle dich sogleich eingehüllt in wärmendes Licht der Freude wie Sonnenschein.

Jophiel ist jetzt bei dir, um die Eigenschaft der Freude in dir und in deiner Yogapraxis zu fördern. Löse dich von aller Anspannung und jeder Unzufriedenheit und erlöse alle alte Traurigkeit. Jophiel wird dir seine Unterstützung schenken.

Sitze im Schneidersitz, die Hände vor dem Herzen in der Anjali Mudra, der Gebetshaltung. Richte deinen Blick nach innen und verbinde dich mit der Energie von Erzengel Jophiel. (1) Dieses Vinyasa der Freude erlöst alle alte Energie, alle Traurigkeit aus deinen Lungen mit jedem Ausatmen, und mit jedem Einatmen füllen sich deine Lungen mit Freude. Während du die Asana jetzt praktizierst, bade dich im goldenen Engelslicht der Freude und spüre mit jeder Bewegung und jedem Atemzug Freude in dir.

Führe nun beide Hände über den Kopf und fühle, wie die Energie und das Licht der Freude in dir zu fließen beginnen wie ein Wasserfall aus Licht. (2)

1

2

Drehe dich nach rechts. Lege deine linke Hand auf das rechte Knie und die rechte Hand neben dein Becken auf den Boden. Gleite in diese sanfte Drehung. Blicke voller Freude auf alles, was hinter dir liegt, und finde in der Freude den Frieden mit deiner Vergangenheit. (3)
Dann strecke deine Arme wieder nach oben und verbinde dich mit Erzengel Jophiel und der Freude.
Drehe dich nun zur anderen Seite.
Hierbei ist es wichtig, deine Wirbelsäule lang werden zu lassen. Drehe dich von der Basis der Wirbelsäule aus und fühle, wie die Energie der Freude durch jeden Wirbel deiner Wirbelsäule strömt.
Dann führe beide Hände wieder über den Kopf, öffne sie weit und fühle, wie die Energie und das Licht der Freude zu dir fließen und dich mit dem Licht der Freude erfüllt. (2)
Nun bewege deine rechte Hand seitlich zum Boden. Führe deinen linken Arm in einem großen Bogen über den Kopf nach rechts. Fühle, wie deine Rippen sich in dieser seitlichen Dehnung öffnen und spüre, wie mit dem Ausatmen alte Traurigkeit aus dir herausströmt. Atme tief ein und erfülle deine Lungen, Rippenbögen und deinen Brustkorb mit lichter Freude. (4)
Dann komme zurück zur Mitte und strecke einatmend deine Arme wieder nach oben ins Licht und in die reine Freude. Gleite ausatmend sanft zur anderen Seite, wiederhole die Dehnung und finde auch hier wieder die Öffnung zur Freude in dir.

Hebe jetzt die Arme wieder nach oben und strecke dich
dem Engel der Freude entgegen.

Beuge dann die Arme und schlinge den rechten Arm um
den linken, bis die Handflächen aufeinander liegen.
Der linke Ellbogen ruht in der rechten Armbeuge.

Bringe jetzt die Freude nach innen und fühle das
Licht der Freude in deinem dritten Auge leuchten. (5)

Dann strecke dich wieder nach oben in das Licht der
Freude und wechsle die Arme.

Wenn dir das Übereinanderlegen der Arme nicht
möglich ist, halte deine Hände in der Gebetshaltung vor dein drittes Auge und richte
den Blick nach innen.

Dann fließe zurück zur Mitte, strecke deine
Arme nach oben ins Licht und öffne noch
einmal dein ganzes Wesen dem Licht der reinen, göttlichen Freude. (2)

Praktiziere dieses Vinyasa der Freude dreimal. Zum Schluss
nimm die Hände vor deinem Herzen zusammen und
verneige dich vor dem Engel der Freude mit freudvoller
Dankbarkeit. (6)

Dein Herz wird durchflutet von der wunderbaren
göttlichen Kraft der Freude und du gibst dich
diesem heiligen Moment vollkommen hin. Du
fühlst, wie du in dir alles trägst, was du für
deinen Weg benötigst.

Du weißt, dass Freude die Flamme der Liebe
noch heller in dir strahlen lässt, auf dass sie
dir die Kraft schenkt, deinen Weg der
Göttlichkeit weiterzugehen.

5

6

Vinyasa des Gebens und Nehmens

Beginne diesen Flow mit der Gewissheit: Die Engel sind immer bei dir, in jedem Augenblick deines Seins. Fühle auch jetzt ihre Gegenwart, die dich sanft und voller Segen umgibt. Schließe für einen Moment die Augen und hülle dich ein mit dem kraftvollen, in Liebe schwingenden Energiestrahl der Engel. Spüre, wie er dich sanft umfängt und die Energie der Engel dein Herz erfüllen und beschenken möchte. Du nimmst wahr, wie deine Kraft, die Liebe und das Licht in dich hineinströmen, und von nun an bist du damit verbunden. Jetzt, in deiner Yogapraxis, und darüber hinaus in jedem Moment deines Lebens.

So öffne dich nun, nimm dich wahr und folge durch die Bewegung in dem Katze-Kuh-Flow deines Körpers der Einheit des Gebens und des Nehmens in Liebe.

Empfangen und Geben sind zwar gegensätzliche Energien, die aber untrennbar miteinander verknüpft sind. Sie gehören ebenso zum natürlichen Fluss deines Lebens wie Einatmen und Ausatmen. Wenn der eine Aspekt dieses Zyklus nicht funktioniert, kommt der gesamte Kreislauf zum Erliegen, und deine Lebenskraft kann nicht frei fließen.

Aber ist erst einmal die Quelle der Liebe in dir geöffnet, so kannst du nicht anders, als dich diesem ewigen Strom hinzugeben und mit denjenigen zu teilen, die noch Durst leiden.

So wie du all die Liebe empfängst, so wie sie durch dich hindurchströmt, so wirst du sie auch weitergeben.

Dabei erkennst du, dass du niemals geben kannst, ohne zu empfangen. Indem du aus vollem Herzen gibst, empfängst du all die Schönheit und Herrlichkeit der Liebe.

Niemand kann deine Flügel öffnen, außer dir selbst. Sei mutig genug, um dich aus dem Alten herauszuschälen und deine inneren Schwingen zu öffnen.

Erfahre in diesem Flow: Deine Schulterblätter sind deine Flügel. Wie Lichttore öffnen sich die Schulterblätter in diesem Vinyasa, um das Liebeslicht der Engel zu empfangen und um Liebe aus deinem Herzen dir und der Welt zu geben.

Stütze dich auf deine Hände und Knie und komme in den Vierfüßlerstand. (1) Die Hände
drücken fest in die Yogamatte. Du schmiegst deine Handflächen und Finger sanft in die Geborgenheit von Mutter Erde. Deine Hände sind unter den Schultern und deine Knie unter
der Hüfte. Atme ein und hebe den Kopf. Öffne dein Herz dabei ganz weit und verbinde dich
über dein Herz mit der dich umgebenden Liebe und dem Licht der Engel.

Komme in ein sanft geführtes Hohlkreuz. Lasse den Nacken entspannt.

Dein ganzes Wesen öffnet sich, du lässt dich von der Liebe der
Engel beschenken und atmest diesen
Strom der Liebe in dein
Herz. Du bist bereit zu
empfangen. (1)

Fühle, wie hell es in dir
wird, wie das Licht der
Liebe alles durchflutet
und dich ganz einhüllt.

1

Atme jetzt tief die gesamte Luft wieder aus und beuge deinen Rücken so rund wie du kannst.

Drücke vor allem deinen unteren Rücken bewusst nach oben und rolle dein Steißbein ein.

Die Schulterblätter öffnen sich nun wie Schwingen des Lichtes.

Dazu entspanne den oberen Rücken und den Nacken.

Die Hände drücken weiterhin fest auf die Yogamatte. (2)

Durch die geöffneten Lichtschwingen blickst du jetzt

nach innen, folgst dem

Licht der Engel

direkt in dein Herz.

Du siehst ein leuchtendes Wesen,

ein Licht, das strahlt, einen Menschen,

der spürt, dass die Wunder in ihm wahr werden. Gib dir Zeit, all das

zu fühlen, dich dem zu nähern, was sich hinter deinen Lichtschwingen

befindet und wisse, die Engel sind an deiner Seite.

Ihre Liebe ist bei dir. Erinnere dich an die Liebe in deinem Herzen

und schenke dir diese Liebe.

In dieser Liebe zeigt dir das Göttliche durch die Engel den Weg,

in die Freude des Herzens zu fliegen.

Mache dieses Vinyasa im Strom deines Atems einige Male, bis Geben und Nehmen in dir eins geworden sind.

Bei dem nächsten Einatmen hebe dein rechtes Bein und strecke den linken Arm mit der Handfläche nach oben empfangend ins Licht. (3) Halte einige Atemzüge lang diese Position des Empfangens. Dann wechsle die Seite.

Du kannst deinen Arm und dein Bein bis zur Waagerechten heben oder auch höher. Folge deinem Gefühl und höre auf deine innere Stimme. Wichtig ist, das Licht und die Liebe zu fühlen, die du empfängst.

Öffne dich jetzt vollkommen. Die Liebe ist in dir. Du bist die Liebe. Du bist ein göttlicher Mensch, der all das in sich trägt, was er in der neuen Zeit, auf der neuen Erde leben möchte. Jetzt, im Augenblick des Seins, bist du wertvoll, liebevoll und vollkommen. Öffne dich für das strahlende Licht der Engel und erinnere dich.

Dein Herz erstrahlt in der Schönheit der Liebe. Es ist etwas so himmlisch Schönes um ein Herz, das sich hingeben kann ohne Erwartung, bedingungslos in Liebe.

Deine Liebe ist reine Harmonie, da sie aus dem innersten Wesen, aus dem Herzen des Universums kommt und auch in dir wohnt.

Kindhaltung

DAS GESCHENK DER GEBORGENHEIT

Eine besonders entspannende Asana im Yoga ist die Kindhaltung. Sie löst alle Blockaden im Körper, sodass deine Energie wieder ungehindert fließen kann. Lebe jetzt all das, was du dir bisher nicht zugetraut hast, lasse den Druck los, immer stark sein zu müssen, und werde wieder zu dem Kind in dir. Vertraue dich der heilenden Geborgenheit von Erzengel GABRIEL an. Du wirst sehen, wirst spüren, wie die Geborgenheit in dir und das Gefühl, getragen und behütet zu sein, dein Licht heller erstrahlen lassen als je zuvor.

Du selbst hast es in der Hand, wie du mit deinem inneren Kind umgehst. Doch in der Liebe deines Herzens, getragen von Mutter Erde und in der Liebe von Erzengel Gabriel fühlst du dich zu Hause, geborgen und tief behütet. Sich geborgen fühlen in den zärtlichen Armen des Lebens ist ein Geschenk des Himmels und der Engel. Daher bitte ich dich, im Namen der Liebe immer wieder nach innen zu gehen und dich in der Kindhaltung von Erzengel Gabriel an die Orte in deinem Herzen führen zu lassen, die Heilung und Geborgenheit bedürfen. Öffne dich und gib dich der Liebe der Erde und dem Licht des Engels hin, dann wird dein Herz sanft und weich und dein inneres Kind kann durch Liebe geheilt werden.

Im Innersten deines Herzens existiert ein Licht, das nie erlischt. Verbunden mit diesem Licht entwickelst du Vertrauen in dein Gefühl und in dich. Gottvertrauen entsteht und trägt dich zurück ins Selbstvertrauen und Urvertrauen. Das ist der heilige Zustand, den du als Kind gefühlt hast: Das Kind ist nur glücklich, wenn sich das Gefühl der Einheit wieder eingestellt hat. Das Ziel ist so einfach.

Deine Affirmation

Erzengel Gabriel, schenke mir und meinem inneren Kind Geborgenheit. Ich vertraue mich vollkommen der Liebe an und empfange Heilung und ursprüngliche Geborgenheit. Ich bin unendlich geliebt.

Setze dich auf die Fersen. Jetzt beuge langsam den Oberkörper nach vorne, bis der Brustkorb auf den Oberschenkeln ruht. Lege deine Stirn auf den Boden und strecke die Arme empfangend nach vorne aus. Die Handflächen sind geöffnet und zeigen nach oben ins Licht. Dein Rücken ist rund und weich. Schließe die Augen und bleibe so lange eingerollt, bis du völlig ruhig bist.

Spüre dich, spüre deine Liebe. Spüre die Freude deines inneren Kindes. Es ist so dankbar, dass du es jetzt wahrnimmst. Fühle die bedingungslose Liebe und Güte, die jetzt bei dir sind und dich einhüllen in einen Mantel der Geborgenheit. Öffne dein Herz für die Wunder und die Freuden des Lebens. Sie werden deinen Geist mit tiefer Dankbarkeit und Güte erfüllen. Du wirst erwachen und erkennen, dass du lebst und während deines Lebens wie ein Kind von der Mutter immer getragen wirst. Von ihr, von Mutter Erde. Und so lebe verbunden durch den Herzschlag des Lebens.

Wenn du dich der Energie der Geborgenheit öffnest, wirst du wieder zu einem Kind der Schöpfung. Du wirst entdecken, dass du immer mit der Essenz des Lebens gelebt hast, im Innen und im Außen.

Gebet des Lebens

In diesem Vinyasa öffnest du dein Bewusstsein für die Energie des Lebens, um in dem Gebet des Lebens dem Einen, dem Göttlichen immer näher zu kommen. Das Vinyasa unterstützt dich dabei, dich dem Segen des Lebens zu öffnen und Himmel und Erde in dir zu vereinen. Das Leben ist ein kostbares Geschenk. Wenn du das einmal als Wahrheit gefühlt hast, passiert eine große Verwandlung in dir. Dann atmest du einfach und das Atmen ist wunderbar, friedlich, anmutig. Dadurch bekommt jeder Moment seine eigene Bedeutung und die kommt nicht von außen. Du lebst diesen Moment für sich selbst. Du fließt, weil es wunderschön ist, zu fließen.

Du lebst voller Freude, weil du das Leben liebst, und weil es nichts Besseres gibt, als zu lieben. Du erfährst, dass du Teil von etwas Größerem bist, das dich unermesslich liebt, und das ermöglicht die heilende Verzauberung und die liebende Erfahrung des Einsseins mit allem Leben.

Praktiziere diesen Flow wie ein Gebet mit deinem Körper und aus deinem ganzen Herzen. Der Erzengel, der dir hierbei zur Seite stehen wird, ist Erzengel METATRON. Er ist der Erzengel der Verwirklichung deines göttlichen Seins und hilft dir, auf die Verbindung zwischen Himmel und Erde zu vertrauen. Er schenkt dir seine Unterstützung, wann immer du sie benötigst und dich ihm öffnest.

Seine Energie ist sehr fein, sanft, klärend. Sie ist reine allumfassende Liebe.

In deinem Yoga siehst du das golden-violette Licht des Erzengels Metatron durch dein Scheitelchakra strömen. Die Heilfarbe »goldviolett« ist die Farbe der Umwandlung und Transzendenz, die Farbe der göttlichen Alchemie.

Erzengel Metatrons Energie erhöht dein Bewusstsein und deine Schwingung. Sie holt dich da ab, wo du stehst, und trägt dich in höhere Bereiche.

Setze dich auf deine Knie. Du beginnst, indem du deine Hände vor deinem Herzen zusammenführst und dich mit dem höheren Bewusstseins des Lebens und der Energie von Erzengel Metatron verbindest. (1) Sprich dabei – wenn du möchtest – die Affirmation von Erzengel Metatron.

Du weißt, du kannst die Liebe leben, wenn du ihr Gesetz auf das tägliche Leben anwendest. Sobald du das machst, kannst du die Herrlichkeit des Lebens sehen und das Licht deiner Seele erkennen. Mit dieser Intention beginne das Vinyasa des Lebens.

Erhebe dich in den Kniestand und öffne deine Arme nach oben ins Licht. Öffne dich Metatron und visualisiere einen himmlischen Strom aus dem Licht des Lebens, der dich einhüllt. Spüre das Licht um dich herum und tief in dir. Atme dieses Licht in dein ganzes Wesen ein, bis du vollkommen davon erfüllt und durchströmt bist. (2)

Verbinde dich nun mit der Sonne, die dir Licht und Wärme spendet, dem Mond, der deinen Gefühlen Frieden und Harmonie bringt, und den Sternen, mit dem ganzen göttlichen Universum. Lass die göttliche Energie deiner Christusseele durch dein ganzes Wesen fließen. Sie entstammt direkt aus dem göttlichen Herzen und hüllt deinen Körper komplett ein.

Dann verbeuge dich vor dem Leben und verneige dich in der Kindhaltung. Lege dabei deine Hände auf das Wurzelchakra in Höhe des Steißbeins, um die Pforte der Erde zu harmonisieren. Berühre mit deiner Stirn die Erde und segne Mutter Erde in Dankbarkeit. (3) Die Erde ist ein lebendiges, atmendes und geistiges Wesen. Sie ist die Verkörperung der Weisheit und Liebe und du bist ein fester Bestandteil dieses heiligen Ganzen. Ihre Kraft ist dir innewohnend, ihre bedingungslose Liebe nährt dich, ihre Geborgenheit trägt dich. Ihr zu begegnen heißt, dir selbst zu begegnen und durch diese Begegnung Heilung zu erfahren. Deine Seele ist verbunden mit allem, was ist.

2

3

Den Weg der Liebe zu gehen bedeutet, sich einem größeren und tieferen Sinn hinzugeben, auch wenn du nicht immer weißt, wohin dich dieser Weg führt.

Alles, wenn du es voll und ganz annehmen kannst, auch wenn du es nicht immer verstehst, dient dem Weg in die Verbundenheit mit deiner Seele.

Den Weg der Liebe zu gehen bedeutet, dass du in Harmonie bist mit der Erde.

Fließe jetzt wieder zurück in den Kniestand und führe deine Hände einatmend über die Seite nach oben. Die Handflächen zeigen dabei zum Himmel und du fühlst, wie du eintauchst in die dich umgebende Fülle des Lebens und sie empfängst. Genieße das Einatmen als Geschenk des Lebens für dich. (4)

Dann führe deine Handflächen – angefüllt mit der Fülle der Schöpfung – über deinem Scheitelchakra zusammen in die Gebetshaltung. (5)

Führe die Hände jetzt von oben wieder zurück in die Ausgangshaltung und spüre nach. Fühle das Licht des Lebens in jeder Zelle deines Seins. Spüre dich umgeben und erfüllt von der Energie des Erzengels Metatron.

Dein Leben wird zur gelebten Liebe. Denn das Leben ist Liebe, und die ganze Form und Kraft des Lebens besteht in der Liebe und entsteht aus der Liebe.

Wenn du zulässt, dass die Liebe dich ganz erfasst, fließt ihre Kraft in dein Yoga und darüber hinaus in dein Leben.

Das Göttliche ist Liebe, es gibt letztendlich im gesamten Universum nichts anderes als die Liebe. Alles, was du tun kannst, ist, durch jede deiner Handlungen die Fülle und den Überfluss dieser bedingungslosen Liebe fühlbar werden zu lassen.

Erhebe deine Yogapraxis und dein Leben zu einem Gebet der Liebe und des Lebens.

5

Flow der Lebenskraft

In diesem Vinyasa nimmst du deinen Körper sinnlich wahr und spürst intensiv seine Kräfte sowie deine Gedanken und Gefühle. Dadurch kannst du erfahren, wer du wirklich bist und deine Lebenskraft kann frei fließen. Mond (Ha) und Sonne (Tha) finden ins Gleichgewicht durch das Vinyasa, das durch die heraufschauende und dann herabschauende Asana zwei gegensätzliche Energieaspekte hat.

Du kannst in diesem Flow ganz besonders intensiv Spannungen und Widerstände spüren, diese loslassen und damit Beweglichkeit in deinen Rücken bringen.

Nimm dir Zeit, um wahrzunehmen, wo dich dein Brustkorb einengt und dein Atemfluss gestört ist. Dadurch wird dein Körper durchlässig, beweglich, aufrecht und kraftvoll.

Nutze deinen Körper im Yoga als Tor, um dein Leben in Harmonie mit deiner wahren Lebenskraft zu leben. Alles ist ein Ausdruck des Göttlichen. Auch dein Leben. Leben ist Freude. Das Göttliche möchte, dass du dich freust, an deiner Menschlichkeit in ihrer Ganzheit, an dem Leben in all seinen Formen. Das ist die Intension dieses Vinyasas.

Dabei bringt dir Erzengel URIEL die Tatkraft, Lebensfreude, Energie, Inspiration und Schöpfungskraft, denn er ist der Engel der Lebenskraft und Energie.

Erzengel Uriel stärkt weiter deine Verbindung zur Erde und öffnet dein Bewusstsein für die Strömungen der Lebenskraft auf allen Ebenen.

Durch seine Energie gestärkt, kannst du deine Lebensenergie besser wahrnehmen und diese Lebenskraft wird dir helfen, dein Dharma – deine Bestimmung – auf Erden zu erfüllen.

Letztendlich gibt es nichts Schlechtes in dir, so wie auch nichts am Leben schlecht ist. Es gibt nichts, vor dem du dich fürchten oder schämen müsstest. Weder in dir noch um dich herum. Alles ist eine Form der Liebe, nur manchmal verborgen oder versteckt.

Dein Leben ist ein Strömen, wie eine Reise im unendlichen Ozean der Zeit, wo sich die Erfahrung und die Landschaft unaufhörlich verändern. Diese Veränderung kann voller Freude sein.

Erzengel Uriel, verbinde mich mit Mutter Erde und öffne mich für den Strom der Lebenskraft in mir. Ich bin in Harmonie mit meiner Göttlichkeit und mit meiner Menschlichkeit, um diesen Weg des Lichts zu gehen und als erleuchteter Mittler zwischen Himmel und Erde zu wirken.

Der heraufschauende Hund wirkt sehr energetisierend, was durch die Öffnung des Brustkorbs und der Dehnung der Schultern erzielt wird. Das Herzzentrum weitet sich und die gesamte Wirbelsäule wird gedehnt und harmonisiert.

1

Lege dich entspannt auf den Bauch auf die Matte, das Gesicht dem Boden zugewandt. Die Hände sind mit den Handflächen auf Brusthöhe auf dem Boden aufgestützt. Stelle deine Zehen auf den Boden und halte deine Beine hüftbreit auseinander. Das bedeutet, dass Arme und Beine gleichweit auseinanderstehen beziehungsweise in einer Linie sind.

Atme tief ein und spanne die Bein- und Bauchmuskulatur an, ziehe das Steißbein nach hinten und hebe so die Beine vom Boden ab. Den gesamten Oberkörper beugst du jetzt mit geöffneter Brust und Herzzentrum nach hinten. Achte dabei darauf, dass du dein Becken leicht nach vorne kippst, um nicht ins Hohlkreuz zu fallen.

Die Handgelenke sind direkt unter den Schultern. Du solltest beide Hände gleichmäßig belasten. Drehe Schultern und Oberarme leicht nach außen, damit du dich mit voller Kraft aus

2

den Schultern nach oben drücken kannst. Die Unterarme sollten leicht nach innen rotieren. Dein Blick geht nach oben zur Decke, dein Nacken bleibt aber in der Verlängerung der Wirbelsäule. (1)

Verweile in dieser Haltung so lange du möchtest und mit dem nächsten Ausatmen fließe in den herabschauenden Hund.

Aus dem heraufschauenden Hund fließt du nun in diese Position, in der du die Hände immer noch direkt unter den Schulter aufliegen hast und die Knie direkt unter die Hüfte stellst.

Spreize die Finger, drücke sie in die Matte, indem du dich mit der Erde verbindest und in deiner Vorstellung mit den Händen in die Erde einsinkst.

Atme tief aus, während du deine Hüfte nach oben in den Himmel schiebst und der Po sich nach hinten bewegt.

Drücke dich leicht mit den Händen und Fingern ab, damit sich deine Fersen sanft Richtung Matte senken können. Wenn das nicht möglich ist, halte die Fersen erhoben und deine Knie leicht gebeugt. Drehe die Arme und Ellenbogen leicht nach außen. (2)

Achte in dieser Position darauf, dass die Ohren und die Oberarme auf gleicher Höhe sind. Dabei baust du die richtige Körperspannung auf. Entspanne deinen Kopf, aber lasse ihn nicht hängen.

Dann verbinde die beiden Asanas in einen vom Atem geführten Flow. Einatmend sinkst du in den heraufschauenden Hund, ausatmend fließt du zurück in den herabschauenden Hund.

Zum Abschluss komm in die Kindhaltung zurück und spüre, wie dein ganzer Körper von reiner Lebenskraft durchströmt und erfüllt ist.

Die acht Bewegungsrichtungen

Die acht Bewegungen der Wirbelsäule sind eine harmonische, heilende Bewegungsabfolge aus der Yogatherapie, durch die die Wirbelsäule in acht Richtungen sanft gedehnt, gekräftigt und ausgeglichen wird. Auch kommt durch das abwechselnde Üben beider Seiten die Energie des Nehmens und des Gebens wieder in Harmonie.

Die Zahl Acht spielt dabei eine wichtige Rolle, denn sie steht für Unendlichkeit, Harmonie und Heilung durch Liebe.

Die Unendlichkeit verkörpert die Liebe, weil sie wie die Zahl 8 keinen Anfang und kein Ende kennt, nur unendliche Liebe, und daraus wird wahre Heilung geboren. Öffne durch die Bewegungen der Acht dein Herz der heilenden Kraft der Liebe. In einem geöffneten, aktivierten Herzchakra begegnest du der reinen bedingungslosen Liebe, die dich heilend durchströmt.

Erzengel Raphael wird dich bei diesem Vinyasa mit seiner heilenden Liebe begleiten und unterstützen. Er schenkt dir das Erkennen, dich selbst und deine Nächsten zu lieben und diese Liebe in jedem Atemzug zu leben.

Mit dem inneren Erspüren der Wirkungen dieser achtfachen Bewegung und dem heilenden Strom der Liebesenergie von Erzengel Raphael vertieft dieses Vinyasa den ewigen Liebesstrom in dir und schenkt deinem Körper eine ganzheitliche Heilung auf allen Ebenen. Liebe wird für dich zu einem Zustand, der fortwährend aufrecht gehalten und gelebt werden kann. Ewig – ohne Anfang und Ende, wie die Zahl 8. In diesem Seinszustand fällt jede Trennung fort.

Durch die Liebe geschieht das Wunder der Heilung. Wachse deinem Licht entgegen, lasse die Einsamkeit und die Getrenntheit hinter dir und gehe – getragen von dem Licht der Liebe – einer neuen Zeit entgegen. Die Liebe von Erzengel Raphael wird dich begleiten und sein Licht für dich leuchten.

Gehe in die Berghaltung und fühle die liebevolle Präsenz von Erzengel Raphael bei dir. Nimm die Verbindung zur Mutter Erde
über deine Fußchakren und die Verbindung zum Himmelslicht
über dein Kronenchakra wahr. Deine Hände sind vor dem
Herzen im Anjalimudra – dem Namastemudra gefaltet. (1)
Du beginnst, das heilende Licht von Erzengel Raphael
sanft in dich hineinzuatmen, und es fließt überall dorthin,
wo es gebraucht wird. Es strömt in alle deine Zellen,
küsst liebevoll deine Organe, deine Wirbelsäule, heilt,
reinigt und entspannt überall da, wo Schmerz oder Traurigkeit, wo Schatten oder Dunkelheit waren.

So wie Dunkelheit nichts weiter ist als die Abwesenheit von
Licht, so kann das göttliche Licht alle Schatten sanft und liebevoll erleuchten. Nun bist du bereit zu beginnen.

Beginne mit dem Einatmen, die Hände mit den Handflächen
nach unten in weitem Bogen über den Kopf zu führen. Drehe
in dieser fließenden Bewegung die Handrücken zueinander. (2)
Man sagt im Yoga, dass in den Handrücken eine energetische Verbindung zur Rückseite der Wirbelsäule existiert. Durch das Berühren deiner Handrücken erweckst du sanft diesen Energiestrom.

Beuge mit dem Ausatmen deinen Oberkörper nach unten, deine
Handrücken bleiben dabei verbunden, und komme in die stehende
Vorwärtsbeuge. (3)

Du kannst zur Erleichterung deine Knie sanft beugen. Innerlich

1

verneige dich vor dir selbst in Liebe und lasse alles Schwere mit dem Atem einfach los.

Mit dem nächsten Einatmen richte dich Wirbel für Wirbel achtsam wieder auf, die Handrücken bleiben zusammen.

Fühle, wie die Energie der Erde durch deine Wirbelsäule steigt.

Drehe erst auf der Höhe des Herzzentrums die Handflächen mit dem Ausatmen wieder zueinander in das Anjalimudra. Fühle die Liebe der Erde in deinem Herzen. (4)

2

3

4

Atme dann wieder ein und führe die Arme in der Gebetshaltung nach oben ins Licht, bis sie erneut über den Körper gestreckt sind. Die Fingerspitzen zeigen wie eine Antenne in das Licht.

Nun beginne voller Achtsamkeit, den Körper und die Arme tief nach rechts zu strecken, und atme alles Begrenzende aus deiner linken Flanke und den Rippenbögen aus. (5) Komme mit dem nächsten Einatmen wieder hoch zur Mitte und strecke dich in den Himmel. Die Handflächen berühren sich weiterhin.

Mit dem nächsten Ausatmen beuge nun den Körper nach links und lasse mit dem tiefen Atemausstoß alles Begrenzende aus deiner rechten Flanke und den Rippenbögen herausfließen.

Dann komme wieder mit einem Einatmen zur Mitte und strecke dich in den Himmel. Die Handflächen berühren sich während der ganzen Bewegung.

Nimm die Freiheit und Weite in deinem Körper und deinem ganzem Wesen wahr und fühle: Wahre Liebe befreit sich und andere von dem, was trennt.

5

Löse nun ausatmend die Handflächen voneinander und führe die
Arme auf Höhe des Herzens in
die Winkelhaltung. Stelle dir
vor, du umarmst dein weit
geöffnetes Herz. Nimm wahr,
wie groß dein Herz ist. Bringe
dabei beide Hände einatmend
in das Jnana-Mudra. Daumen
und Zeigefinger berühren sich
dabei. (6)
Diese Mudra zeigt deine Bereit-
schaft, Erkenntnis und Weisheit
von dem Göttlichen zu empfangen,
und schafft Platz, um ein Gefühl
von Ruhe und Heiterkeit im Herzen
und im ganzen Körper entstehen
zu lassen.

Mit dem nächsten Ausatmen drehe deinen Körper nach rechts, die Arme bleiben abgewinkelt, der Oberkörper gerade. Blicke zurück und sende heilende Liebe in alles, was hinter dir liegt. (7)

Komme jetzt einatmend wieder zurück zur Mitte und atme Liebe in dein Herz. Wiederhole die Bewegung zur anderen Seite: Drehe deinen Körper nach links, blicke zurück und sende wieder heilende Liebe in alles, was hinter dir liegt. Schließe Frieden mit deiner Vergangenheit. Sie hat dich zu dem wundervollen göttlichen Menschen gemacht, der du jetzt bist. Da du dich nun in Liebe annehmen kannst, kannst du auch deine Vergangenheit mit Liebe umarmen.

Komme dann mit dem Einatmen zurück zur Mitte und beuge deinen Oberkörper ausatmend in die Tisch-Haltung. Strecke deine Arme zur Seite wie Flügel aus und fühle mit einem tiefen Einatmen die Weite und Grenzenlosigkeit deines Wesens. (8)

Breite deine Schwingen der Liebe aus. Erhebe dich in deine Göttlichkeit und alles Schwere wird sich auflösen im Licht der Liebe.

Beuge dich jetzt mit einem tiefen Ausatmen vollkommen in die Vorbeuge und bringe beide Hände zum Boden oder, wenn das nicht möglich ist, auf deine Schienbeine.

Lege nun die rechte Hand auf dem Boden oder auf deinem rechten Schienbein ab. Führe deinen linken Arm einatmend nach oben in den Himmel und richte deinen Blick nach oben ins Licht. Stelle dir vor, dass dein linker Arm wie eine Antenne wirkt und Licht durch deinen Arm bis in dein Herz fließt. (9)

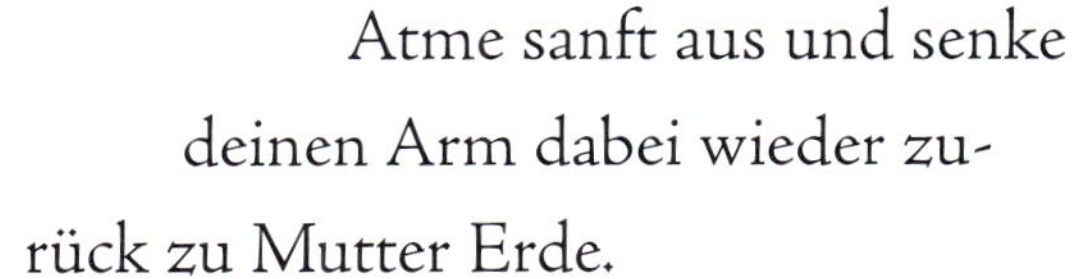

Atme sanft aus und senke deinen Arm dabei wieder zurück zu Mutter Erde.
Wiederhole mit dem nächsten Einatmen die Bewegung jetzt mit der anderen Hand zur anderen Seite und führe deinen rechten Arm einatmend nach oben in den Himmel. Ausatmend kehre zurück und lege deine Hände auf Mutter Erde oder deine Schienbeine.

Verwurzle beide Füße fest mit dem Boden und richte einatmend deinen Oberkörper wieder auf. Breite die Arme zu den Seiten aus und öffne die Handflächen im Prana Mudra ins Licht. Führe nun die Arme seitlich in weitem Bogen nach oben. (10)
Stelle dir vor, wie du aus der dich umgebenden Fülle der Liebe, des Lichts und der Heilung schöpfst. Empfange mit deinem ganzen Wesen Liebe, Licht und Heilung, die immer der Liebe folgt.

Führe die Handflächen über deinem Kronenchakra zusammen. (11) Menschliche Liebe und göttliche Liebe verbinden sich jetzt durch dich, in dir und beginnen, deinen Körper vollkommen zu erfüllen.

Lass jetzt ausatmend die Arme vor dein Herz sinken. Schließe deine Augen, atme in dein Herz und spreche die Affirmation. (12) Nimm die Gegenwart von Erzengel Raphael wahr, der dich mit dem heilenden Licht seiner Liebe beschenkt.

Fühle, wie die Liebe dich sanft mit ihrem strahlenden Licht berührt und Heilung, Frieden, Liebe und Erleuchtung durch deinen Körper, durch dein Herz, in dein Gemüt bis in die äußersten Ecken und Winkel deines Seins strömen lässt.

Das sanfte Licht der Liebe ist wie ein heilender Balsam und umarmt alles, was du bist.

In dieser bedingungslosen Liebe lernst du, anders zu sehen: nicht mit den Augen, sondern mit dem ganzen Wesen, mit deinem Herzen. Verbunden mit der Gegenwart deiner Seele nimmst du dein eigenes Bewusstsein als Licht wahr.

Du findest zurück zu deinem eigenen unbegrenzten Wesen, zu deiner wahren Natur. Gib dich einige Momente dem Licht und der grenzenlosen Liebe deiner Seele hin.

Wiederhole dieses Vinyasa fließend drei- bis achtmal.

11

12

Inneres Gleichgewicht

DIE HALTUNG DES BAUMES

Der Baum ist eine Gleichgewichtshaltung aus dem Stand, der richtig ausgeführt ein wunderbares Gefühl von innerer Ruhe vermittelt. Mit dieser einfachen Asana in Verbindung mit dem Erzengel URIEL kommst du immer mehr in dein inneres Gleichgewicht. Der Baum steht für Standfestigkeit, feste Verwurzelung mit der Erde, Ruhe und Kraft. Der Baum ist ein Symbol für das Leben an sich. Besonders in unseren Breitengraden zeigen Bäume die Veränderung des Lebens. Den Strömungen des Lebens ausgesetzt, lehrt uns der Baum, in unserer Mitte zu bleiben, aber auch nachgiebig und flexibel zu sein.

Wurzel, Stamm und Krone stehen bei dem Baum in einem Zusammenhang, der nur als Einheit lebensfähig ist. Alle drei brauchen einander: Die Wurzel, das Sonnenlicht aus dem Fächer der Krone, die Krone die Energien aus der Tiefe des Wurzelstocks. Der Stamm verbindet beide. Auch wir Menschen brauchen Wurzeln, um unsere Krone weit ins Licht zu öffnen, und unsere Wirbelsäule als kraftvollen Stamm, der Himmel (die Krone) und Erde (deine Wurzeln) verbindet.

Um die wundervollen Energien dieser Asana zu unterstützen und dir noch tiefere Ruhe und Ausgeglichenheit zu schenken, lade Erzengel Uriel in diese Yogaübung ein.

Erzengel Uriel vermittelt Schöpferkraft und Tatkraft, Struktur und Entschlusskraft, Manifestation und hilft dir bei der Umsetzung deiner Seelenträume auf Erden. Das bedeutet, er hilft dir, göttliche Schwingung in die Materie zu bringen. Seine Energie ist kraftvoll, stärkend, stabilisierend, Struktur gebend, energetisierend und dennoch ruhig.

Erzengel Uriel unterstützt dich dabei, die ständigen Bewegungen des Lebens aus einer gelassenen Perspektive zu betrachten und hilft dir auch, in den größten Stürmen des Lebens in Balance zu bleiben. Wenn es dir gelingt, im Gleichgewicht zu bleiben, stellt sich Gelassenheit, Ruhe und tiefe Harmonie in deinem Leben ein.

Sobald du verbunden mit der Engelenergie der Ruhe und Harmonie im Yoga den Baum praktizierst, kannst du fühlen, wie du wie ein Baum dein ganzes Wesen verwurzelt in der Liebe von Mutter Erde wahrnehmen kannst. Und gleichsam fühle die tiefe Verbindung zum Himmel.

Stehe mit geschlossenen Beinen aufrecht auf dem Boden. Schließe die Augen und fühle die Verbindung zu Mutter Erde über deine Fußsohlen. Bitte Erzengel Uriel als Engel der Erde um seinen Beistand. Dann öffne die Augen und verlagere nun dein Gewicht auf das linke Bein.

Stell dir vor, dass sich dein linkes Bein fest im Boden verwurzelt.

Wenn du bereit bist, hebe den rechten Fuß auf Höhe des Knöchels (für Anfänger). Fortgeschrittene stellen das Bein auf Kniehöhe. Für eine noch tiefere Balance bringe deine Fußsohle auf die Innenseite des Oberschenkels. Damit das Bein nicht rutscht, übe mit dem Standbein sanft Gegendruck. Hebe nun deine Arme und führe sie vor deinem Herzchakra zusammen in das Anjali Mudra.

Fixiere einen beliebigen Punkt und lächle dir selbst zu. (1)

Die Halswirbelsäule steht in Verlängerung zur Brustwirbelsäule. Nimm deine Beine als Wurzeln wahr, die dir Halt geben. Deine Wirbelsäule ist aufrecht und kraftvoll wie ein Baumstamm und deine Schultern sind gesenkt.

1

Beginne nun, deine Arme
nach oben über den Körper zu
führen, so, als würdest du wie ein
Baum deine Krone dem Licht öffnen. (2)
Stelle dir einatmend vor, wie du über dein
Kronenchakra nach oben ins Licht wächst.
Ausatmend verwurzelst du dich noch mehr
im Boden.
Bleibe solange du möchtest und komme immer
tiefer in die Balance und Harmonie. Kraft und
grenzenloses Vertrauen durchströmen dich.
Die Wurzeln des Lebens tragen dich und
dein Wesen ist weit dem Licht geöffnet.
Wechsle dann die Seite mit dem
rechten Bein als Standbein.

Der Krieger des Lichts

DER HELD

Die alten Schriften sagen, dass der Weg des Yoga auch der Weg des Helden sei. Dem Helden und auch dem wahren Krieger des Lichts geht es in seinem Leben darum, seine innere Ordnung, die göttliche Kraft und sein wahres Wesen zu finden. Dazu braucht er viel Mut. Auch du bist ein Krieger des Lichts der neuen Zeit, denn auch du hast dich auf deinem Weg mit vielen Widerständen auseinandergesetzt, aber hast nie aufgegeben.

Um den Weg des Herzens und des Lichts weiterzugehen, brauchst du Schritt für Schritt Mut, Vertrauen und Kraft – und das schenkt dir dieses Vinyasa in Verbindung mit Erzengel MICHAEL. So kannst du mutig den Hindernissen begegnen, ohne dich beirren oder ablenken zu lassen. Dir erwächst durch die Asana Kraft, Zuversicht, Selbstbewusstsein und eine Zunahme an Selbstwertgefühl. Die Kriegerhaltungen bilden Kraft und Balance aus und machen die Ausdehnung deines Körpers im endlosen Raum erfahrbar.

Dabei entspricht die kraftvolle Standhaltung der Selbstbewusstheit, das gebeugte vordere Bein der Demut und die erhobenen Arme stellen die Verbindung mit dem Göttlichen her. Die Weite im Brustraum schafft Platz für die Größe deiner göttlichen Liebe.

In dieser mutigen, kraftvollen Haltung ist die Verbindung zu Erzengel Michael ein großer Segen. Er ist der Engel der Gerechtigkeit, des Mutes, des Willens, der inneren Macht und der Tatkraft. Auf Erzengel Michaels Energie kannst du dich konzentrieren, wenn du das Gute in dir selbst stärken möchtest. Er ist bei dir und stärkt dabei dein inneres Licht, er hilft bei dessen Reinigung und spendet dadurch neue Kraft und wahren Mut. Seine Energie ist klar und kraftvoll, gleichzeitig auch schützend, einhüllend und stärkend.

Daher wirkt dieses Vinyasa gemeinsam mit Erzengel Michael auf allen Ebenen: Du wirst zu einem Krieger des Lichts und stehst fest im Leben, da der Krieger deine gesamte Beinmuskulatur kräftigt. Indem du mit deinem göttlichen Funken der Liebe und der Kraft in Verbindung trittst, entdeckst du die Kraft und Schönheit des Lebens und teilst diese Energie mit deiner Welt.

Stehe aufrecht mit weit auseinander stehenden Beinen. Drehe deinen rechten Fuß um 90 Grad nach rechts, deinen linken Fuß um 15–30 Grad nach links. Die Ferse des rechten Fußes zeigt zur Mitte des linken Fußes.

Halte beide Hände bewusst vor dein Herz im Anjali-Mudra zusammen und verbinde dich mit der kraftvollen Energie von Erzengel Michael. Erde dich gut über deine starke Verbindung der Fußsohlen mit Mutter Erde. Lass die Energie der Kraft über deine Beine bis in dein Becken fließen. (1)

Einatmend hebe nun beide Arme in einem weiten seitlichen Bogen an und führe die Handflächen über dir zusammen.

Strecke dich mutig und kraftvoll in die Energie des Lichts von Erzengel Michael. (2) Bitte um seine göttliche Kraft und seinen Schutz. Lasse beim Ausatmen die Hände über die Seite sinken und nimm wahr, wie du von der Engelenergie, der inneren Kraft, durchströmt wirst.

1

2

Ausatmend wende deinen Blick ganz klar ausgerichtet nach rechts, während du deine Arme sinken lässt, bis sie sich horizontal in einer Linie befinden. Deine Handflächen zeigen zur Erde. Dann beuge das rechte Knie so weit über den zweiten Zeh, dass du noch eine kraftvolle, starke Verbindung des linken Fußes zur Erde halten kannst. Die Außenkante des linken Fußes sollte auf dem Boden bleiben. (3)

Atme einige Male tief in dein Nabelzentrum und fühle deine innere Stärke, deinen Mut und dein Selbstvertrauen mit jedem Atemzug wachsen. Du findest deine Mitte und damit das Zentrum deiner Ermächtigung und göttlichen Kraft. Verweile so lange in dieser Haltung, bis du dich mutig und voller Kraft fühlst.

Drehe dann deine Handflächen einatmend nach oben zum Licht und führe die Energie von Erzengel Michael über deinem Kopf zusammen. (4) Mit dem nächsten Ausatmen bringe die Energie deiner göttlichen Kraft in dein Herz, indem du die Hände wieder vor deinem Herzen in die Gebetshaltung führst und die Affirmation mit deinem Herzen sprichst. Verweile in der Energie und wechsle dann die Seite.

3   4

Trikonasana

DIE HALTUNG DES DREIECKS

Das Dreieck ist ein wichtiges Symbol, weil es die Seele an die existente Dreiheit der geistigen Welten erinnert und aufgrund seiner starken Kraft die körperliche und spirituelle Welt miteinander vereint. Die Spitze des Dreiecks zeigt in der Regel nach oben und bedeutet ein Streben in Richtung Himmel und spirituelle Welt. Außerdem ist es ein Hinweis auf das Bündnis und die unzertrennliche Einheit von Gott und Mensch.

Im Yoga ist die Dreieckshaltung eine intensive Standhaltung, die den Körper wie ein architektonisches Wunderwerk stabil am Boden stehen lässt. Das Dreieck macht die Verbindung der äußeren Schichten zur inneren Schicht erfahrbar, von der äußeren Hülle zu den innen liegenden Organen, vom Groben zum Feinen, um mehr in Leichtigkeit zu leben und innere Harmonie herzustellen und gleichzeitig ein Gespür für die äußeren Harmonien zu entwickeln.

Erzengel SANDALPHON kann dich in Verbindung mit der Trikonasa unterstützen, deine irdische und himmlische Liebe in Leichtigkeit zu leben. Er ist der Hüter des Wachstums auf der materiellen Ebene, Gärtner der Seele und des Geistes, Bote und Botschafter der höheren Ebenen. Er stellt dir in deiner Yogapraxis die notwendigen geistigen Kräfte zur Verfügung und schafft die feinstofflichen Bedingungen für die Verwirklichung des göttlichen Plans auf der Erde.

So wie das Dreieck alles verbindet, vereint auch Erzengel Sandalphon die zerbrechliche, sanfte, weibliche Seite der Seele mit dem Mut und der Stärke der männlichen Seite. Er vereint Gegensätze, indem er beiden Seiten Beachtung schenkt.

Stehe mit beiden Füßen fest auf Mutter Erde, dann öffne dich ins Licht. Erzengel Sandalphon ermöglicht es dir dabei im wahrsten Sinne des Wortes, nach den Sternen zu greifen, um deine irdische und himmlische Liebe auf Erden zu leben.

Öffne deine Beine weit und drehe deinen linken Fuß ca. 15–20 Grad nach innen. Halte die Ferse und die Außenkante des Fußes fest am Boden. Das gestreckte Knie zeigt gerade nach vorne. Drehe dabei das rechte, vordere Bein um 90 Grad nach außen. Das rechte Knie zeigt gerade nach oben. Das Fußgelenk, das Knie und die Oberschenkelmitte bilden eine gerade Linie. Beide Fußsohlen sind gedehnt.

Nimm nun deine Hände vor dem Herzen zusammen (1) und lade Erzengel Sandalphon in dein Yoga ein. Fühle deine innere Ausrichtung in deinem Herzen: Fest in deinem Leben auf Mutter Erde zu stehen und dich gleichzeitig ins Licht zu öffnen. Himmel und Erde vereinen sich in deinem Herzen und in deinem Körper.

Nun strecke deine Arme auf Schulterhöhe parallel zum Boden. Die Füße sollten etwa unterhalb deiner Handgelenke sein.

Dein Blick fließt über deinen rechten Arm in die Weite und du kannst die Gegenwart des Erzengels Sandalphon wahrnehmen. (2) In dir entsteht die Intention, dich in Leichtigkeit deiner Göttlichkeit zu öffnen, um sie gut verwurzelt auf Erden zu leben.

1

2

Dehne nun mit der Ausatmung den Rumpf nach rechts. Stütze deine rechte Hand auf dein Fußgelenk oder auf das Schienbein und lege deine linke Hand auf dein Herzzentrum. (3) Nimm wahr, wie in deinem Herzen alles eins ist, dass hier keine Gegensätze existieren können. Die Wahrheit in deinem Herzen offenbart dir, dass es in Wirklichkeit keine Grenzen gibt. Weder in deiner inneren Welt, deinen Zielen, noch in deinen Träumen und deiner Verbundenheit mit allem.

Strecke jetzt den linken Arm in Verlängerung des rechten Arms weit in den Himmel. Die linke Handinnenfläche ist gedehnt und öffnet sich für das universelle Licht. Beide Ellbogen sind gestreckt.

Schaue hoch zu deiner linken Hand und lass deinen Atem fließen. Mit dem Einatmen fühle, wie über deinen linken Arm strahlendes Licht in dein Herz fließt. (4)

Gleichzeitig nimm wahr, wie über das kraftvolle Fundament deiner Beine die Energie der Erde in dein Herz strömt.

Mit dem Ausatmen nimm wahr, wie sich in deinem Herzen Himmel und Erde vereinen und dein Herz mit Leichtigkeit erfüllt wird.

Weite dabei deinen Brustraum, indem du die Schulterblätter wie innere Flügel zu den hinteren Rippen ziehst, und erde dich fest über deine Fußsohlen.

Atme in dieser Haltung tief und bewusst und verweile so lange du möchtest in dieser Position. Dann erhebe dich aus der Hüfte heraus und drehe deine Füße gerade nach vorne. Wiederhole dieses Vinyasa auf der linken Seite.

3

4

Die Sphinx

Die Sphinx ist eine wundervolle Asana, um Liebe und Weite im Herzen zu erfahren. Dieses Asana lässt einen im wahrsten Sinne des Wortes »weit ums Herz« werden. Ein weit geöffnetes Herz trägt dich in die Energie des All-Einsseins, die wahre Bedeutung von Yoga.
Auf der spirituellen Ebene des Yoga steht die Sphinx für Offenheit im Herzen, Weisheit wie auch Würde. Die Sphinx öffnet und befreit. Wenn du eine Beziehung zur Welt aufbauen möchtest, gib dich ihr hin und sei weit und offen für Schönheit, Freude, Vertrauen und liebevolle Zuwendung. Je mehr du dich auf diese Weise liebevoll dem Leben öffnest, umso tiefer wirst du berühren und berührt werden.

Die Sphinx gibt dir Mut, bedingungslos zu lieben, indem sie dich von Angst und allen Begrenzungen erlöst und dir neues Selbstbewusstsein schenkt. Energetisch aktiviert und energetisiert dich die Sphinx auf allen Ebenen. Denn Energie fließt sowohl vorn als auch in der Wirbelsäule zu deinem Kronenchakra empor.
Der Erzengel, der dich gern bei dieser Asana unterstützen möchte, ist Erzengel CHAMUEL. Er ist der Engel der Liebe und Selbstliebe. Er hilft dir, dein Herz zu öffnen und die Flamme der Liebe in deinem Herzen zu vergrößern. Die Chamuel-Energie ist heiter, liebevoll einhüllend, weich, tragend und dabei kraftvoll.
Er möchte dich unterstützen, dass du wieder zu dem Göttlichen zurückfindest. Dabei hilft er dir, den Herzensraum zu erfahren und den tieferen Sinn hinter den Dingen zu verstehen. Chamuel trägt dazu bei, jegliche Enge und

Blockade im Herzen zu lösen, um die schöpferische Kraft und Lebensfreude zu steigern. Er verbindet dich mit deinem Herzen, damit du Liebe fühlen kannst. Er möchte dir die Eigenschaften der Wörter Hingabe, Liebe, Verständnis, Toleranz und Güte näherbringen. Sie werden deine Schwingung erhöhen, sobald du verstehst, was sie wirklich bedeuten.

Deine Affirmation

Erzengel Chamuel, bitte erfülle mein Herz mit deiner bedingungslosen Liebe. Ich öffne mein Herz voller Vertrauen der Liebe und bin erfüllt von Liebe und Energie.

Gehe in die Bauchlage und strecke beide Arme neben dem Kopf nach vorne aus. In deinem Gefühl lenke nun beide Sitzbeinknochen in Richtung deiner Fersen. Sinke tief mit deinen Leisten in die Matte, um deinen unteren Rücken zu entlasten.

Beim Einatmen beuge beide Arme, lege die Ellenbogen unter die Schultergelenke und deine Handflächen auf die Matte. Richte jetzt den Oberkörper auf. Schiebe deinen Kopf aus dem Schultergürtel in die Länge und strebe mit deinem Brustbein in Verbindung mit deinem Herzchakra nach oben.

Lade die Energie der bedingungslosen Liebe von Erzengel Chamuel nun ein, dein Herz zu weiten und zu erfüllen. Verweile einige tiefe Atemzüge in dieser Haltung.

Jeweils einatmend fühle, wie dein Herzraum sich mehr und mehr öffnet und weitet. Ausatmend spüre, wie Liebe und Energie dein ganzes Sein erfüllen. Das Wichtigste in deinem

Leben ist, dass deine Seele sich der göttlichen Liebe hingeben darf. Und dass du dein Herz der tiefen Liebe für die Schöpfung und für alle Wesen öffnest.

Die Kobra

Auch die Haltung der Kobra birgt großen inneren Segen: Die Kobra ist in Indien ein heiliges Geschöpf. Wenn die Kobra sich angegriffen fühlt, richtet sie sich auf und lässt ihr Herz strahlen: anmutig, kräftig und schön. Schon Babys versuchen, diese Form der Aufrichtung zu imitieren, um ihr Sichtfeld zu erweitern und die Welt zu entdecken. Freudvoll, in Leichtigkeit und mit offenem Herzen.

Aber die Kobra steht noch für einen weiteren Aspekt: die Wandlung. Schlangen wachsen ein Leben lang, nicht aber ihre Haut. Daher müssen sie sich von Zeit zu Zeit ein neues Schuppenkleid zulegen. Die Schlange streift regelmäßig ihre alte Haut ab und erneuert sie so, daher steht die Kobra ganz im Zeichen von Leben, Auferstehung und Regeneration. Wenn die Schlange ihre Haut abstreift, ist sie in einer sehr verletzlichen Phase.

Jede persönliche Veränderung bedeutet, aus der eigenen Haut zu schlüpfen, Altes und Gewohntes abzulegen und sich für Neues zu öffnen. Daher praktiziere deine Kobra, richte dich auf, blicke auf das Leben vor dir, finde die Anmut und Aufrichtigkeit in deinem Herzen, um deinen Weg sanft und aggressionslos zu gehen.

Wie bei der verwandten Asana, »der Sphinx«, ist auch bei der Kobra Erzengel Chamuel voller Liebe an deiner Seite, wenn du ihn einladen möchtest.

Chamuel ist ein großer Lehrer und Beschützer und verleiht uns die Tapferkeit und Bestimmtheit, um uns aus der Weite unseres Herzens zu erheben und alle Hindernisse in Sanftheit und mit Würde zu überwinden. Chamuel lehrt dich auch, anmutig und aufrecht wie eine Kobra mit Konflikten umzugehen, indem er hilft, kämpferische Aggression in sanfte Kooperation zu verwandeln. Er lehrt, wie man mit jedem Atemzug wieder Harmonie herstellen kann. Durch Verständnis und Mitgefühl ist es möglich, sich selbst im anderen zu erkennen wie in einem Spiegel. Da man somit auch sich selbst erkennt, führt dies zu Toleranz und Selbstliebe gegenüber anderen, und auch dazu, die eigene Fehler und Schwächen in Liebe anzunehmen.

Beginne, deine Augen und dein Herz zu öffnen, um die Wahrheit der Liebe zu erkennen und zu leben. Liebe ist der einzige Weg, sie ist die einzige Antwort.

Lass dich von der Liebe zu dir selbst tragen, in den Raum deiner göttlichen Wahrheit. Fühle, wer du bist: Liebe und Licht. Und was du fühlst, wirst du erschaffen.

Erhebe dich anmutig und erkenne das Wunder eines liebenden Herzens.

Erzengel Chamuel, bitte erfülle mein Herz mit deiner Anmut und Aufrichtigkeit der bedingungslosen Liebe. Ich erhebe mich mit weitem Herzen voller Liebe und stelle mich dem Leben sanft, anmutig und strahlend.

Lege dich auf den Bauch. Strecke deine Beine aus, deine Fußrücken drücken hüftbreit geöffnet sanft in den Boden. Bringe deine Hände unter deine Schulterblätter, nahe der Brust, und ziehe die Ellbogen an deinen Körper heran.

Aktiviere deine Oberschenkel, indem du deine Kniescheiben in Richtung deiner Oberschenkel ziehst. Versuche, das Gesäß so entspannt wie möglich zu halten. Dein Steißbein zieht Richtung Fersen. (1)

Stelle dir jetzt eine Königskobra vor, die den hinteren Teil des Körpers fest in den Boden drückt, um ihr vorderes Drittel hochzuheben. Öffne dabei dein Herz und erhebe dich. Dabei visualisiere, dass du dich nach vorn und oben bewegst, anstatt dich zurückzubeugen.

Finde in dir den Mut und die Liebe, dich anmutig und mit offenem Herzen aufzurichten.

1

Drücke dein Schambein fest in den Boden. Aktiviere sanft deine Bauchmuskulatur und hebe mit der nächsten Einatmung deinen Oberkörper, zunächst aus der Kraft deines Rückens, vom Boden ab. Anschließend verwende die Kraft deiner Arme, um dich weiter zu öffnen. Versuche weiterhin, dein Steißbein nach hinten zu ziehen, während dein Schambein Richtung Nabel zieht. Verwende das Kippen deines Beckens, um deinem unteren Rücken Platz für die Beugung zu bieten.

Öffne dich nur so weit, dass dein Schambein am Boden bleibt und du keinen Druck im unteren Rücken spürst.

Bringe die Schulterblätter näher zusammen. Ziehe die Schulter von den Ohren weg und halte die Ellbogen nahe beim Körper. Stelle sicher, dass deine Rückenmuskulatur arbeitet und du dich nicht nur auf deine Arme stützt. (2)

Atme ruhig und gleichmäßig. In dieser Haltung verweile und fühle dein Wesen voller Anmut und die inne Stärke deines Herzens voller Liebe. Die Zeit ist gekommen, dich in deine Göttlichkeit zu erheben. Folge der Liebe in deinem Herzen und lebe sie voller Wahrhaftigkeit in deinem täglichen Leben. Lebe voller Bewusstheit und lasse deine täglichen Handlungen Ausdruck deiner göttlichen Liebe werden.

Lege deinen Oberkörper mit der Ausatmung behutsam wieder am Boden ab und spüre nach.

2

Das Kamel

DAS HERZ ÖFFNEN UND DIE INNERE WAHRHEIT LEBEN

Das Kamel ist eine wundervolle Rückbeuge und steht für eine vollständige Dehnung des Rückens und der Brustmuskulatur. Der Nutzen von Rückwärtsbeugen ist vielfältig. Der Brustkorb wird geöffnet, und das hilft, zu einer tieferen, freien Atmung zu kommen. Nicht zuletzt haben Rückwärtsbeugen sowohl körperlich als auch geistig einen sehr belebenden Effekt.

Der Geist und das Herz erfahren tiefe Offenheit und Weite. Da diese Asana eine intensive Streckung der Wirbelsäule nach hinten ist, öffnet sie sehr intensiv das Kehlkopfchakra, das auch als Pforte der Wahrheit bekannt ist, und aktiviert das Herzchakra.

So hilft das Kamel auch, zu einer tieferen, freien Atmung zu kommen. Das unterstützt dich dabei, die Wahrheit deines Herzens zu leben und auszudrücken in der Welt.

Lade in diese Asana die wundervolle Energie von Erzengel JOPHIEL ein. Er ist der Engel der Wahrheit, Weisheit und Beständigkeit. In seinem Wesen liegen die Weisheit und die aufopfernde Geduld, die sich stets dann bemerkbar machen, wenn du bereit bist, deinem Dasein neue Impulse zu geben. Wenn du bereit bist, die Wahrheit deines Herzens zu leben, unterstützt die leuchtende Energie von Jophiel dich dabei. Denn Wahrheit und Unwahrheit zu unterscheiden, wird auf deinem Weg des Herzens immer wichtiger.

Die Wahrheit zu leben, kann auch Angst hervorrufen. Genau wie die Rückbeugen im Yoga. Eventuell kannst du einen psychischen Widerstand erfahren, sich nach hinten zu beugen. Die meisten deiner Bewegungen führst du nach vorn aus, wohin du schauen kannst. Wenn du, ohne den Kopf zu drehen, rückwärts gehst, kannst du Angst vor dem nicht Sichtbaren bekommen. Die Natur hat dich mit dieser Angst ausgestattet, um dich zu schützen. Sie ist so natürlich wie die Angst vor großer Höhe, Dunkelheit und Alleinsein.

Auch hier hilft dir Erzengel Jophiel. Er hilft dir, die Schattenseiten zu erkennen und sie ins Licht zu stellen, damit sie heilen können. Mit seiner leuchtenden Fackel der Weisheit und Wahrheit steht er dir zur Seite.

Gehe in den Kniestand, mit einer halben Handbreit Abstand zwischen den Knien. Deine Oberschenkel stehen senkrecht zum Boden. Führe die Hände in der Gebetshaltung vor dem Herzen zusammen. (1) Bitte jetzt Erzengel Jophiel, zu dir zu kommen und dich zu unterstützen, dein Herz zu öffnen und die Wahrheit deines Herzens leben zu können. Lass dich von der Liebe zu dir tragen, in den Raum deiner göttlichen Wahrheit.

Fühle, wer du bist: Liebe und Licht. Und was du fühlst, wirst du erschaffen. Die Zeit ist gekommen, deine Göttlichkeit zu deiner Wahrheit zu machen.

1

Lass deine Arme sinken. Komme auf deine Zehen-
spitzen. Lege jetzt deinen Kopf sanft in den
Nacken und strecke die Arme ein wenig
nach hinten. Beuge nun den Oberkörper
von der Taille aus beim Einatmen
nach hinten und verlagere dein
Gewicht größtenteils auf die Knie.
Drücke achtsam Oberschenkel
und Becken nach vorn und spüre
die sanfte Dehnung an der
Oberschenkelvorderseite, den
Leisten, an Bauch und Brustkorb.
Umfasse deine Fußknöchel mit
den Händen. Dehne nun den
Brustkorb so weit wie möglich
nach oben und lass dich von der
Liebe zu dir selbst tragen, in den
Raum deiner göttlichen Wahrheit. (2)
Für eine einfache Variation und zu Beginn
deiner Yogapraxis, nimm die Arme nach hinten und
lege deine Hände oberhalb des Gesäßes auf den unteren Rücken. Beuge dich ganz sanft und
achtsam nach hinten und dehne deinen Brustkorb so weit wie möglich nach oben. Nimm
die tiefe Öffnung und Aktivierung deiner Herzenswahrheit wahr.
Atme tief und bleibe so lange in dieser Stellung, wie sie dir angenehm ist. Achte während
der Übung besonders auf den Nacken, den Hals und dein Kreuz. Dann komme sanft aus
der Übung heraus. Hebe zuerst den Kopf, dann den Oberkörper und gehe mit dem Ausatmen wieder zurück in den Kniestand. Nimm die Hände vor dem Herzen zusammen und
fühle das Strahlen deiner inneren Wahrheit in deinem Herzen und deinem Halszentrum.
Spüre, wer du bist: Liebe und Licht. (1)
Beende die Übung in der Kindhaltung und spüre nach.

Drehsitz des inneren Friedens

Drehungen sind im Yoga sehr wertvolle Haltungen und führen zur Mitte – solange diese auf beiden Seiten geübt werden. Der indischen Mythologie zufolge symbolisiert der Drehsitz die beiden polaren Aspekte der Erde. Wenn du dich in der Übung nach links drehst, spürst du die passive, kühle Mondenergie. Auf der rechten Seite hingegen wird die aktive, warme Sonnenergie wahrnehmbar. Jeder Mensch ist einem Pol mehr zugeneigt und wird daher eine Seite stärker bevorzugen. Es heißt, dass beide Pole durch den Drehsitz ausgeglichen werden und Frieden dich durchströmt.

Die Wirbelsäule wird sanft gedreht und harmonisiert, denn die Beweglichkeit deiner Lebensachse – wie die Wirbelsäule im Yoga auch genannt wird – hat nicht nur Einfluss auf deinen physischen Körper, sondern steht auch für mentale Flexibilität und Beweglichkeit im Geist. Eine große Wirkungskraft des Drehsitzes konzentriert sich vor allem auf den Bauchraum, die hier liegenden Organe erhalten in Verbindung mit deinem tiefen Atem durch einen sanften Druck eine entgiftende, transformierende Massage, die sich positiv auf eine Vielzahl körperlicher Beschwerden auswirkt. Du blickst im Drehsitz zurück. Du bist verbunden mit deinem Herzen und kannst somit mit allem, was hinter dir liegt, Frieden schließen und deine Vergangenheit durch friedvolle Vergebung erlösen. Der Drehsitz ist daher eine wundervolle Asana, um einen körperlichen Reinigungs- und Umwandlungsprozess in Bewegung zu setzen.

Auf deine Bitte hin wird dich der wunderbare Erzengel ZADKIEL in deinem Yoga durch seine Energie der Befreiung, Heilung und Transzendierung unterstützen. So wie der Drehsitz ist auch die Energie von Erzengel Zadkiel integrierend, harmonisierend und ausgleichend. Sie verbindet Himmel und Erde, Sonne und Mond, und dehnt gleichzeitig aus.

Die mitfühlende engelhafte Mission des Erzengels Zadkiel besteht darin, uns von der schweren Last ungeheilter Energien, die wir immer noch uns oder anderen gegenüber haben, zu lösen, sodass wir die Freiheit wiedererlangen, in unserem Herzen zu erblühen.

Sein Ziel ist es, deine Transformation und Entwicklung zu fördern. Er hilft dir, Freiheit und Frieden durch Vergebung zu erhalten, sowie den Blickwinkel zu verändern, sodass die Vergangenheit zu einem Segen wird, denn sie hat dich zu der/dem gemacht, der du jetzt bist. Und du bist vollkommen, so wie du jetzt bist.

Er lehrt, dass wir uns selbst vergeben müssen, um uns frei zu fühlen. Er hilft dir mit seiner violetten Energie, alles zu transformieren, was du nicht mehr brauchst.

Vergebung ist eine sehr wertvolle, heilige Reise in jeder Lebenserfahrung. Erzengel Zadkiel unterstützt dich, Freiheit im Herzen zu erlangen, indem du dein Herz mit Vergebung füllst. Sobald du dir selbst und anderen in Liebe vergibst, wirst du wiederentdecken, dass das Leben eine Reise voller Freude ist, und dass das Göttliche um dich herum dich voller Liebe unterstützt und führt.

Erzengel Zadkiel, durchströme mich mit deinem violetten Licht der Transformation. Verbunden mit der Liebe in meinem Herzen blicke ich zurück und lasse Vergebung und Frieden in meine Vergangenheit fließen. Ich bin in Frieden, frei und in Liebe.

Komme in eine für dich bequeme Sitzhaltung. Verbinde dich über dein Becken mit Mutter Erde und richte deinen Oberkörper auf, indem du dir vorstellst, über deine Wirbelsäule nach oben ins Licht zu wachsen. Lege deine Hände übereinander auf dein Herzchakra. Fühle, wie du dein Herz berührst, und verbinde dich mit der Energie von Erzengel Zadkiel. (1) Einatmend erfülle dein Herz mit pulsierender Liebe. Durch die Liebe kann Transformation, kann Umwandlung geschehen. Umwandlung bedeutet, alle Schatten ins Licht zu erheben und deine Göttlichkeit durch deine Menschlichkeit zu leben. Denn durch die Erfahrung deiner Schatten wirst du dir erst bewusst, was Licht wirklich bedeutet.

Beginne, dich so zu lieben, wie du dich im Moment empfindest und wahrnimmst, mit all deinen Schwächen und Stärken. Deine Vergangenheit und deine Gegenwart.

Wahre Transformation ist Liebesarbeit voller Frieden.

Diese Hingabe in Frieden ist wichtig, denn es lehrt dich, alles anzunehmen in Liebe, was noch unvollkommen ist und auf die Transformation der Liebe wartet.

1

Richte mit der Einatmung deine
Wirbelsäule gerade nach oben auf.
Beginne mit der Ausatmung deinen Oberkörper sanft nach
rechts zu drehen. Führe deinen
linken Arm über das rechte Bein
und platziere deine linke Hand
im Gyan-Mudra an der Außenseite
des rechten Knies, um sanft die
Drehung zu unterstützen. (2)
Atme ganz tief in deine rechte
Hand, die noch immer auf deinem Herzen ruht. Verbinde
dich mit der Liebe und dem
Vertrauen in deinem Herzen,
und die Transformation wird mit
Sanftheit, Liebe und Freude in dir geschehen.

2

Ausatmend führe deinen rechten
Arm zur Seite, die Handfläche ist nach oben
ins Licht geöffnet. Blicke dabei über deine
rechte Handfläche und lass die Liebe, die Vergebung und den Frieden wie ein Geschenk des
Herzens in deine Vergangenheit fließen. Mit
jeder Einatmung ziehe deine Wirbelsäule
ein kleines Stück weiter in die Länge und
begib dich mit jeder Ausatmung nach
und nach weiter in die Drehung.
Bringe die Rotation in die gesamte
Wirbelsäule. (3)
Mit jedem Einatmen erfülle dich mit
der Energie des Vergebens. Fühle die
Kraft der Transformation, die in der Liebe
liegt, und gemeinsam mit Erzengel Zadkiel
sende diese Energie ausatmend in alles, was hinter dir liegt.
Nach einigen tiefen, transformierenden Atemzügen führe beide Hände wieder zurück und
lege sie auf deinen Herzraum. Sammle dich und dann wiederhole diese Geste als Geschenk
der Vergebung und des Friedens zur anderen Seite.
Spüre zum Schluss nach, indem du beide Hände auf dein Herzzentrum legst und nimm
wahr: Während du innerlich bewusst bleibst und zugleich der Welt liebevoll dienst, wirst du
immer mehr zu Licht, das die Dunkelheit erhellt. Dies ist das Geheimnis der Transformation
von der Dunkelheit der Materie in das goldene Licht deiner Göttlichkeit.

Der Schmetterling

DIE FLÜGEL ENTFALTEN

Der Schmetterling ist eine Asana, die dir helfen wird, alte Muster und Strukturen zu durchbrechen und sich den Verwandlungen in deinem Leben vertrauensvoll hinzugeben. Der Schmetterling im Yoga macht auch auf besondere Art und Weise die Aufrichtung deiner Wirbelsäule als deine Lebensachse erfahrbar. Wie der Rumpf des Schmetterlings seine Flügel hält, so ist deine Wirbelsäule deine Mitte und trägt in dieser Yogahaltung deine beiden angewinkelten Beine. Sie sind das Symbol deiner Flügel.

Praktiziere diese Übung, öffne dein Herz und breite deine Flügel im hellen Licht der Engel aus. Der Schmetterling möchte dir Leichtigkeit, Freude und Verspieltheit schenken. Lass all die schweren Dinge los, die dich nach unten gezogen oder auf der Erde festgehalten haben, anstatt dich zu beflügeln und an andere Orte oder zu anderen Menschen zu bringen.

In Verbindung mit dem Erzengel HANIEL schenkt dir der Schmetterling den Mut zur Veränderung, um unnötigen Ballast abzuwerfen, damit du wieder leicht genug bist, um deine Flügel auszubreiten.

Diese Asana ist für Anfänger nicht einfach. Die meisten Menschen verlieren im Laufe der Zeit die natürliche Bewegungsfreiheit, und ihre Muskeln sind oft in einem verkürzten Zustand, und Bänder und Sehnen sind nicht mehr so dehnbar. Wenn es dir also schwerfällt, mit geradem Rücken dein Becken aufzurichten und die Knie Richtung Boden zu bringen, dann nimm zwei Kissen zur Hilfe und verbinde dich mit Erzengel Haniel. Er ist der Engel, der dir zur Seite steht, um dir die Kraft und den Mut zu geben, deine Göttlichkeit zu erkennen und deinem Lebensplan zu folgen. Es geht darum, dass wir Menschen unsere Größe erkennen und in unsere Bestimmung hineinwachsen. In dieser Zeit schenkt er dir Vertrauen, Durchhaltevermögen und Mut zur Veränderung. Das Erkennen dieser Größe in dir, das Spüren des göttlichen Funkens, der dir innewohnt, hilft dir, dir selbst und anderen wieder zu vertrauen. Haniel öffnet deine Augen für die Schönheit allen Seins und der Schöpfung.

Hast du erst einmal den Reinigungs- und Erneuerungsprozess des Schmetterlings durchlaufen, wirst du dich wie neugeboren fühlen. Du erfährst ein anderes Lebensgefühl, kannst dich

115

mit mehr Zuversicht und Hoffnung aufrichten und deine Schwingen des Lichts wie Flügel öffnen, um zu fliegen.

Deine Affirmation

Erzengel Haniel, erfülle mich mit dem Bewusstsein, um meine eigene Größe zu erkennen und zu leben. Ich öffne voller Vertrauen meine Flügel des Lichts in Leichtigkeit und Freude.

Setze dich mit ausgestreckten Beinen auf den Boden. Entspanne dich und atme tief in dein Herz. Lade Erzengel Haniel ein, dich bei dem Schmetterlingssitz zu unterstützen. Richte mit Bewusstheit deine Wirbelsäule auf. Ziehe dann beide Beine an den Körper und lege die Fußsohlen aneinander. Die Füße befinden sich jetzt vor deiner Körpermitte und liegen nach wie vor auf dem Boden. Lege beide Händen um deine Füße. Die Zehen zeigen nach vorn. (1)

1

Bewege deine Knie zum Aufwärmen ruhig und tief atmend einige Male nach oben und nach unten. Stelle dir vor, dass deine Beine wie die Flügel eines Schmetterlings sind, der frei und in Leichtigkeit durch die Welt tanzt.

Achte bitte darauf, diese Bewegung nicht ruckartig oder mit Gewalt auszuführen, sondern sei zart und bewusst. Fühle die Energie von Haniel, die dich trägt.

Sobald du die Offenheit und Leichtigkeit des Schmetterlings in dir fühlst, werde still. Nimm wahr, wie deine Knie sanft nach unten Richtung Erde sinken. Bitte bringe deine Knie nur so weit nach unten, wie es sich angenehm und leicht für dich anfühlt.

Zur Unterstützung der Beine kannst du auch links und rechts Kissen unterlegen. Die Wirbelsäule bleibt gerade, der Blick ist nach vorn gerichtet. Atme tief und sei voller Vertrauen. Wachse in deine wahre Größe und fühle die Leichtigkeit deiner weit geöffneten Flügel.

Wenn du die Dehnung der Hüften noch vertiefen möchtest, beuge ausatmend deinen Oberkörper sanft nach vorn und vertraue ihn der Erde an. Lebensfreude, Urvertrauen durchströmen dich, und du verneigst dich innerlich vor der Leichtigkeit des Seins. (2)

Wenn du die Verbindung zu dir selbst, der Welt um dich und zu Gott wieder aufnimmst, beginnt deine Seele sich zu entfalten wie ein Schmetterling, der dem Ruf des Lichts folgt und sich entpuppt. In jedem Menschen ist der Drang der Seele nach Erneuerung, nach Heilwerden, nach Liebe, Erfüllung und Gemeinschaft lebendig.

Deine Seele braucht die göttliche Liebe zum Entfalten ebenso dringend, wie dein Körper die menschliche Liebe zum Leben benötigt.

2

Der Kniekuss der Hingabe

Der Kniekuss ist eine Asana für Hingabe und Entwicklung von Geduld, die tief in deinem Inneren einen Prozess in Gang setzt, der dich weicher werden lässt und zu einer Erweiterung führt. Hier werden nicht nur Muskeln und Bänder gedehnt, auch die Grenzen des Denkens, Fühlens, Erkennens und des Verstehens weiten sich.

Die wahre Kunst des Yoga besteht darin, in den Asanas ganz loszulassen – genauso wie in deinem Leben. Wenn du dich im Kniekuss vollkommen hingibst und vertraust, führt dich diese sitzende Vorbeuge in deinen inneren Raum. Hier, tief in dir, findest du deine wirklichen Bedürfnisse und Begabungen. In diesem Raum verstummen die äußeren Stimmen der Erwartungen, des Zwangs, der Negativität. Du lauschst nach innen, dein Sein wird still, und du hörst die Stimme in dir. In dieser Haltung gibst du dich ganz der Stille hin. Dann wird das Licht in deinem Inneren zu strahlen beginnen.

Es ist oft so laut und unruhig in deinem Leben. Viele Termine, viele Geräusche, viel Trubel. Und in dir ist eine Sehnsucht nach Ruhe, nach Stille. Schöpfe Kraft aus der Stille, und die für die Aufgaben und Herausforderungen deines Lebens notwendige Kraft und Klarheit kommt zu dir. Kommunikation in der Stille des Herzens kann kraftvoller und erfüllender sein als äußere Fragen und Antworten.

Der Kniekuss verbindet dich also mit deiner Fähigkeit zu vertrauen, dankbar zu sein, und dich der Stille in dir hinzugeben. Erinnere dich in dieser Haltung tief in deinem Herzen, dass alles gut ist und sich so entfaltet, wie es soll, und vertraue.

Auf körperlicher Ebene dehnt diese Vorwärtsbeuge deinen ganzen Rücken und löst Blockaden in den Muskeln und in deiner Wirbelsäule. Sie regt den Energiestrom in deiner Wirbelsäule an und belebt den Rücken und Bauchraum.

Im Bauchraum wird Agni, das Lebensfeuer, entfacht. Hier ist die Quelle der Kraft.

So übe achtsam und hingebungsvoll und spüre, vertraue und lasse los.

Erzengel SANDALPHON wird dich dabei unterstützen. Er steht an deiner Seite und kümmert sich voller Hingabe und in Demut um dich. Im Kniekuss verbeugst du dich über deine beiden Seiten und gibst dich dem männlichen und dem weiblichen Aspekt in Liebe hin.

Erzengel Sandalphon verbindet gemeinsam mit dir die zerbrechliche, sanfte Seite deiner Weiblichkeit mit dem Mut und der Stärke der männlichen Seite. Seine Energie ist von einer unbeschreiblichen Tiefe und Zartheit, und diese Zartheit wird dir helfen, dich für die Tiefe deiner Liebe zu öffnen.

Erzengel Sandalphon versöhnt dich in der Stille mit allen schmerzhaften Erlebnissen, weil er die Erkenntnis vermittelt, dass das Dunkle zum Licht gehört, denn es war die Nacht, die den Tag geboren hat.

So kannst du dich mit jedem Atemzug voller Liebe dem Leben hingeben und gelangst zu deinem wahren Ich, das im Herzen seinen Sitz hat, dem Sitz von höchstem inneren Frieden, Glückseligkeit und reiner Liebe.

Deine Affirmation

Ich verbinde mich mit den Energien von Erzengel Sandalphon und öffne mich für die wahrhaftige und reine Liebe. Ich gebe mich dem Leben voller Vertrauen hin und finde zurück zur Einheit des Lebens in der Stille meines Herzens. Hier erfahre ich inneren Frieden, Glückseligkeit und reine Liebe.

Beginne im aufrechten Sitz mit deinen Händen vor deinem Herzen. Beide Füße sind aufgestellt. Verbinde dich mit Erzengel Sandalphon, dem Engel der Selbstliebe und Hingabe. Lasse nun das rechte Bein in die Streckung gleiten. Dein linkes Knie sinkt achtsam geführt nach außen. Lege deine linke Fußsohle eng an die Innenseite des rechten Oberschenkels. Du kannst unter das gebeugte Knie auch ein Kissen legen, um die Dehnung zu unterstützen. Einatmend wachse jetzt über dich hinaus und öffne deine Arme nach oben ins Licht. Richte deine Wirbelsäule Wirbel für Wirbel auf und erfülle dich mit dem Licht der Liebe. (1)

1

Mit einem tiefen Ausatmen lege dich mit langem Oberkörper aus den Hüftgelenken nach vorn über dein ausgestrecktes Bein. Deine Arme ruhen neben deinem Bein. Die Handflächen zeigen empfangend nach oben in den Himmel. Um noch tiefer zu gehen, versuche, die Stirn auf dem rechten Bein abzulegen. (2) Auch hier kannst du zur Unterstützung wieder eine Decke oder ein Kissen verwenden. Bleibe einige Zeit in der Position.

Atme gleichmäßig und tief, gib dich vollkommen hin und lass los, um eine Zeit lang nur in der Stille zu sein und deinem Atem zu lauschen, wie er kommt und geht und ruhig wird. Diese äußere Stille ist wie ein Boden, auf dem dann eine innere Stille wachsen kann.

Wenn du den Weg der Stille gehst, gelangst du zu deinem wahren Ich, das im Herzen seinen Sitz hat, und das der Sitz von höchstem inneren Frieden, Glückseligkeit und reiner Liebe ist.

Wenn du es schaffst, auch nur einen Moment tief in dir diesen göttlichen Frieden, diese Liebe wahrzunehmen, dann hast du dein wahres ICH berührt, dass in dir wie ein Samen darauf wartet, erblühen zu dürfen.

Entscheide aus deinem Herzen, wann du bereit bist, dich einatmend wieder aufzurichten.

2

Das Boot der inneren Stärke

Das Boot ist ein Sinnbild für ein Gefährt, das auf dem Wasser trägt und ebenso auf dem Wasser getragen wird. Diese beiden Aspekte kannst du in dieser Haltung erfahren. Das Boot stärkt dein Bauchzentrum, so erlebst du dich im Schaukeln und Ausbalancieren deines Körpers. Die Stabilität und der Halt aus deinem Körper heraus lassen dich das In-Sich-Selbst-Getragen-Sein erfahren. Das Vertrauen in deine innere Kraft wächst, im Yoga bedeutet eine kraftvolle, starke Mitte auch ein kraftvolles Selbst. Ruhe im Gleichgewicht und Aufrichtung aus dem Halt in deinem Inneren wird für dich spürbar. Die tiefe Bauchatmung begleitet dich und lässt dich in den Wogen des Lebens konzentriert und gesammelt vorwärtstreiben. Dein Körper und auch dein Selbst werden wie ein Boot, das trägt und in der Verankerung mit seiner Basis auch getragen wird.

In diesem Gefühl, getragen zu sein, im Augenblick zu sein und zu verweilen schenkt dir die Wahrheit geborgen, umhüllt, im Jetzt zu sein. Wenn du dich vom Fluss des Lebens und vom Urvertrauen tragen lässt, dann spürst du die Gewissheit, dass du immer zur richtigen Zeit am richtigen Ort bist. Dass dir immer zur richtigen Zeit die richtigen Menschen begegnen. Denn alles, was in deinem Leben ist, zeigt sich aufgrund deiner Resonanz. Fühle dich getragen, geführt, begleitet und genieße es, dich voller Vertrauen dem Strom des Lebens hinzugeben.

Aus deiner starken Mitte bist du dir sicher, dass alles gut wird. Es wird wie bei einem Boot im großen Ozean des Lebens mal hinauf und hinunter gehen. Aber du weißt: Das Leben trägt dich. Auch in schwierigen Situationen. Das, was Leben in dir ist, ist stark, selbstermächtigt, und du bist dir deiner Selbst bewusst.

Um dich in der Haltung des Bootes noch intensiver zu unterstützen, lade den Erzengel des Selbstbewusstseins, Erzengel SAMAEL, ein. Er wird mit seinem hellen Licht dein Durchhaltevermögen und deine innere Kraft stärken. Seine Engelenergie und diese innere Einstellung stärken dein Nabelzentrum. Das Nabelzentrum steht für Selbstbewusstsein, Tatkraft und Mut zu Veränderungen und hilft dir, innere Sicherheit zu finden.

Erzengel Samael kannst du immer dann rufen, wenn du in Zeiten von Herausforderungen und Schwierigkeiten in deinem Leben zu zweifeln beginnst. Er gibt dir Mut und Hoffnung in schwierigen Lebenssituationen. Mit seiner Hilfe erkennst du den Sinn in der Situation und hast die Kraft, wie ein Boot mit dem Fluss zu gehen und dich nicht gegen die Strömung zu stemmen.

Getragen von der Energie Erzengel Samaels vertraue ich auf mein starkes inneres Selbst. Mit Mut, Aufrichtigkeit und innerer Stärke gebe ich mich dem Lebensstrom der Schöpfung voller Vertrauen hin.

Setze dich aufrecht mit aufgestellten Beinen auf deine Yogamatte. Stelle beide Hände hinter dir auf und komme auf deine Fingerspitzen.
Nun kannst du dein Herzzentrum und dein Brustbein sanft nach vorn öffnen und deine Schulterblätter fließen locker an deinem Rücken zusammen.
Deinen Blick richtest du nach oben ins Licht. (1) Innerlich lädst du die Energie von Erzengel Samael ein, dich zu unterstützen, um in deine innere Kraft zu kommen und dein Selbstbewusstsein zu stärken.

1

126

Halte jetzt mit deinen Armen die Oberschenkel, bringe die Hände in die Kniekehle und ziehe die Knie enger an den Körper heran. Füße und Knie bleiben hierbei hüftbreit geöffnet. Schaffe Länge im Rücken, indem du die Schultern nach hinten unten ziehst, dein Brustbein ist angehoben und der Bauchnabel geht in Richtung Wirbelsäule. Die Kraft kommt aus deiner starken Körpermitte. (2)
Du nimmst wahr, wie sich deine Mitte immer mehr mit Energie füllt.

Hast du hier Sicherheit erlangt, so verlagere dein Gewicht beziehungsweise deine Sitzhöcker leicht nach hinten und bringe so die Schienbeine parallel zum Boden.
Achte darauf, nicht in ein Hohlkreuz zu gehen. Halte deine Körpermitte aktiv und stark. (3) Verbinde dich mit deinem Selbstvertrauen und deiner inneren Stärke, die in deinem Nabelzentrum wohnen und dich jetzt zu erfüllen beginnen.
Fällt dir das leicht, so kannst du deine Hände lösen und deine Arme nach vorn ausstrecken, wobei die Handflächen empfangend nach oben in den Himmel geöffnet sind. Ziehe die Schultern nach hinten und deine Schulterblätter zusammen. Leuchte aus dem Herzen und zentriere dich bewusst in deinem Bauchraum.

3

Um in die vollständige Bootshaltung zu gehen, strecke die Beine gerade nach oben. (4) Aber überfordere dich nicht! Finde deine Haltung, die dir guttut und dich nicht überfordert. Bleibe für mindestens sechs Atemzüge in deiner persönlichen Variante.

Lass die Ein- und Ausatmung gleich lang werden. Atme Kraft und Willensstärke in dein Nabelzentrum ein und jegliche Spannung aus. Schenke dir ein inneres Lächeln und fühle die Unterstützung deines Engels.

Die Schulterbrücke

Brücken schaffen Verbindungen zwischen zwei Seiten. Auch im Yoga gibt es Brücken. So verbindet die Schulterbrücke dein Oben und Unten des Körpers, und dadurch verteilen sich die Kräfte auf Schultern und Füßen. Dein Beckenboden wird gestärkt, deine Atmung gefördert. Aber diese Haltung wirkt nicht nur körperlich.

Die segmentale Bewegung der Wirbelsäule löst Blockaden auf mehreren Ebenen. Durch die leichte Rückwärtsbeugung dehnt Dvipad Pitham die Atemmuskulatur, öffnet Herz, Brustkorb und Lunge und hilft dir, den gesamten Brustraum zu weiten. Wenn du an deinen Begrenzungen, Hemmungen, Unsicherheiten, Ängsten und deiner Verletzbarkeit arbeiten möchtest, ist diese Yoga-Übung in Verbindung mit der Engelenergie ein großer Segen.

Die Weite deines Herzraumes ist erfahrbar und unterstützt dich, deine eigene Wahrheit anzunehmen. Es entsteht eine liebevolle Verbindung zwischen deinem Fundament und deinem Kopf, zwischen Herz und Geist. Die Standfestigkeit deiner Beine schenkt dir die Sicherheit, um dich zu öffnen und in deine Wahrheit zu kommen. Du kannst spüren, wie offen und bereit du bist, in liebevoller Wahrheit zu leben.

Die Zeit ist gekommen, um deine Herzenstüren weit zu öffnen, denn dann wirst du festzustellen, dass dich ganz neue Ausblicke und Erfahrungen erwarten. Traue dich, dein Leben mit deinem persönlichen Ausdruck und deiner Herzenswahrheit zu bereichern. Mit einem offenen Herzen bist du ein Geschenk an das Leben und an deine Mitmenschen.

Die Schwingungen deiner Herzenswahrheit werden alle Beziehungen vertiefen. Wenn du dich öffnest, zeigst du dich so, wie du bist, mit all deiner Liebe. Wir verschließen häufig unser Herz aus Angst, verletzt zu werden. Man schützt sich oft vor Verletzungen, weil wir schlechte Erfahrung aus alten Zeiten mit uns herumtragen. Doch mit verschlossenem Herzen hältst du wunderschöne Bereiche von deinem Leben fern. Sei offen und lass dich ganz und gar auf eine neue Reise zu dir ein.

Lass dich bei dieser Reise von dem Engel der Offenheit, Erzengel ANAEL, begleiten. Er unterstützt dich, indem er deinen Körper, deine Seele und deinen Geist mit liebevoller, öffnender

Kraft verbindet. Er hilft dir, die Herausforderungen des Augenblicks zu leben, mit offenem Herzen, ohne sich zu verleugnen oder zu verstecken.

Es geht in der Schulterbrücke darum, dein Herz und deinen Körper für das Geschenk des Lebens weit zu öffnen. Um dich herum ist Fülle: Das Leben ist pure, schöpferische Energie. Erzengel Anael erinnert dich daran, dass diese unermessliche Kraft auch in dir pulsiert und dich lebendig sein lässt. Das Erleben, in dem liebevollen Energiefeld der Engel und in ein größeres Ganzes eingebunden zu sein, stärkt dein Vertrauen und die Offenheit deines Herzens. Wenn du Offenheit und Berührbarkeit in deiner Kommunikation mit der Welt zulässt, bedeutet das auch, dass die Welt dein Herz berühren kann, und dass es von dieser Berührung erwacht.

Erzengel Anael, ich bitte dich, unterstütze mich mit deiner liebevollen, öffnenden Kraft. Ich öffne mein Herz weit für die Schönheit und die Wunder des Lebens.

Stelle in Rückenlage beide Füße hüftbreit auseinander vor dem Becken auf, beide Knie zeigen senkrecht nach oben. Deine Arme liegen entspannt neben deinem Körper. Einatmend öffne deine Handflächen ins Licht. (1) Verbinde dich mit der Energie von Erzengel Anael und erfülle dein Herz mit der Intention nach Offenheit und Wahrheit.

Drehe dann deine Handflächen mit dem Ausatmen wieder zur Erde, fühle dich getragen und sei bereit, dich vollkommen zu öffnen.

Mit dem nächsten Einatmen rolle dein Becken ein, rolle über das Kreuzbein und löse dann behutsam, von der Lendenwirbelsäule beginnend, jeden Wirbel nacheinander von der Matte. Gleichzeit erhebe deine Hände und führe sie nach oben und hinter deinen Kopf.

2

Wenn die Hände hinter dir zum Liegen kommen, hat sich auch deine Wirbelsäule von der Matte erhoben. Ausatmend lass nun alle Begrenzungen los. (2)

Fühle mit dem nächsten Einatmen Weite an der Körpervorderseite und Offenheit in deinem Herzen und deinen Handherzen.

Ausatmend lasse das Brustbein sinken und rolle Wirbel für Wirbel zurück auf die Matte. Parallel dazu führe die Hände langsam vom Atem geführt wieder zurück neben deinen Körper.

Wenn deine Handflächen wieder auf der Erde liegen, liegt auch dein Kreuzbein wieder vollständig auf der Matte.

Wiederhole einige Male achtsam und bewusst diesen Bewegungsablauf und genieße die immer größer werdende Weite und Offenheit in deinem Herzen und in deinem ganzen Wesen.

Nach Beendigung lege die Hände auf dein Herzzentrum und fühle die Verbundenheit und Einheit mit allem, was ist.

Krokodil

ENERGIE DER FLEXIBILITÄT

Das Krokodil ist eine schöne Asana, um deine bewegte Yogapraxis vor der Meditation und der Entspannung abzuschließen. Die sanfte und dennoch tiefe Dehnung schenkt dir Flexibilität auf allen Ebenen. Du weitest dein Herz und dein unterer Rücken wird entlastet und befreit. Deine Wirbelsäule wird dabei gedehnt, sodass sich die Wirbelkörper und Bandscheiben voneinander lösen und dadurch die Lebensenergie frei fließen kann. Weite und Offenheit entstehen in deinem Körper, Geist und in deinem Herzen.

Immer wieder werden dir im Laufe deines Lebens Veränderungen und Überraschungen begegnen. Das Krokodil befreit dich in solchen Situationen von dem Festhalten an alten Mustern und Strukturen, die dich in deinem Leben und auf deinem Lebensweg nicht weiterführen. Denn für deine persönliche Weiterentwicklung ist es sehr wichtig, frei, offen und flexibel zu sein.

Erzengel RAZIEL wird dir bei dieser Asana mit seiner Energie und seinem Licht Unterstützung schenken, denn er verkörpert Flexibilität. Du kannst Erzengel Raziel immer um Hilfe bitten, um dein Herz und ebenso deinen Geist für Neues zu öffnen. Nur wenn du offen und bereit ist, andere Wege und Möglichkeiten zu akzeptieren, wirst du im Leben ungeahnte Möglichkeiten erkennen und für dich entdecken.

Die Zeit ist reif dafür, alte Verhaltensmuster zu hinterfragen, lieb gewordene Gewohnheiten auf ihre Sinnhaftigkeit zu überprüfen und neue beziehungsweise ungewöhnliche Schritte zu gehen. Die Zeit des Transformationsprozesses ist auch die Zeit der Neuausrichtung, der Kreativität und der Pionierarbeit.

Manchmal fehlt es jedoch an Mut, um aus einer vermeintlichen Sicherheit auszusteigen. Hierfür findest du durch die Energie von Erzengel Raziel Hilfe. Durch die Flexibilität und der damit verbundenen neuen Offenheit durchströmt dich ein Fluss von lichter Lebensfreude und Lebensenergie, und gibt dir die Möglichkeit, dich mit positiven Schwingungen aufzutanken.

Erzengel Raziel wird dir helfen, deine Spiritualität vollständig zu entwickeln, neue Perspektiven werden sich öffnen und alte Energien transformiert. Dein Energiesystem wird tief harmonisiert, da energetische Blockaden in der Offenheit und Freiheit Heilung erfahren.

Zum Abschluss deiner Yogapraxis schenkt dir diese Yoga-Übung das Gefühl von Gelassenheit, Frieden und Sicherheit. Du lässt dich von der Erde tragen und erhebst dich in das Licht. Das ist der Schlüssel zur Einheit – den Glauben, den Fokus und die Flexibilität zu haben, um dich in deinem höchsten Lebensausdruck zu bewegen. Du fühlst dich erhöht, der irdische Verstand tritt zurück und stattdessen öffnet sich das Herz wie eine kostbare Blume, um die Ausstrahlung der Schönheit, der Weisheit und der Liebe zu empfangen.

Deine Affirmation

Ich lasse mich von dem Licht Erzengel Raziels durchfluten und löse damit meine begrenzenden Muster. Ich öffne mich für Veränderung und reagiere flexibel auf jede Veränderung, denn ich erkenne sie als Möglichkeit. Ich bin kraftvoll und lebendig und meine Offenheit schenkt mir Lebensfreude und Lebensenergie.

In Rückenlage stelle beide Füße in einem für dich angenehmen Abstand zum Becken auf. Lege deine Arme zunächst neben deinen Körper und öffne deine Handflächen zum Licht. (1) Nimm das Getragensein in deinem Leben wahr und lade das Licht von Erzengel Raziel ein, dich zu durchfluten.

1

Sei nun bereit, dich für die unendlichen Möglichkeiten des Lebens mit einem weiten Herzen zu öffnen und flexibel zu sein in Körper, Geist und Seele.

Breite deine Arme etwa in Schulterhöhe wie eine Umarmung waagrecht zur Seite aus. Du bist bereit, alles zu umarmen und anzunehmen, bist flexibel und frei in deiner Wahl.

Deine Schulterblätter ruhen jetzt gut geerdet auf der Matte. Atme tief in dein Becken hinein. Lass alle Spannungen und Widerstände des unteren Rückens los. Nun gebe etwas Druck auf deine Füße, um dein Becken sanft anzuheben und ein wenig nach rechts zu versetzen. Das hält die Wirbelsäule bei der Drehung in einer neutralen Position.

Ausatmend führe beide gebeugten Beine nach links. Hebe den Kopf leicht an und drehe ihn achtsam und mit dem Atem geführt nach rechts.

Die Schultern und der Oberkörper bleiben am Boden, die untere Hüfte dreht sich nicht mit. (2)

2

Es ist nicht wichtig, wie weit du deine Beine Richtung Erde führen kannst, aber achte darauf, dass beide Schulterblätter mit der Unterlage verbunden bleiben.
Fühle in die Dehnung hinein, atme diese wunderbare Liebe, das Getragensein ein, und lasse beim Ausatmen alles los, was dich noch blockiert oder Widerstand erzeugt.
Nimm die Flexibilität und die wundervollen Möglichkeiten des Lebens dankbar an und sei frei.

Es steht in deiner Macht, wie du dein Leben erfährst. Entscheide dich für das Licht, die Liebe und die Leichtigkeit.

Bleibe für ein paar Minuten tief ein- und ausatmend in dieser Haltung.

Um die Haltung zu verlassen, stelle die Füße auf und führe das Becken zur Mitte der Matte zurück. Dann beginne mit der anderen Seite.

Lege dich auf den Rücken, schließe deine Augen und komme mehr und mehr zur Ruhe. Jedes Mal, wenn du deine äußeren Augen schließt, betrittst du dein innerstes Heiligtum. Fühle dich jetzt umgeben und getragen von Mutter Erde und dem liebevollem Licht der Engel. Lass dich vertrauensvoll fallen und entspanne deinen Körper und deinen Verstand. Atme tief und gleichmäßig in dein offenes Herz.

Du erlaubst der Außenwelt nun, sich für eine Weile ohne dich weiterzudrehen und richtest deine Aufmerksamkeit nach innen, auf deine Innenwelt. Es ist so wichtig, nach innen zu lauschen und dich selbst wahrzunehmen, denn hier findest du die Kraft, mit der du in der Welt da draußen Dinge in Bewegung setzen kannst. Du spürst, wie du noch mehr loslassen kannst. Dein Körper seufzt vielleicht wohlig auf, es gibt nichts mehr zu tun. Durch deine Yogapraxis ist dein Körper vollkommen bereit, sich fallen zu lassen und zu entspannen.

Stelle dir bitte weiter vor, wie von »oben«, aus den Weiten des unendlichen Universums, den lichtvollen Sphären der Engel und Lichtwesen das wundervolle göttliche Licht strömt und dich in eine Wolke der Liebe hüllt. Im Yoga nennt man dieses Licht auch Gayatri und es steht für das göttliche Licht im Herzen eines jeden von uns. Es ist nun Zeit, dein inneres Licht zu feiern, das Licht des Selbst – im Yoga Atman genannt –, das eins ist mit dem unendlichen höchsten Selbst. Öffne zuerst dein Bewusstsein, indem

du tief atmest. Mit jedem Atemzug weitest du deine inneren Flügel, breitest sie aus, um dem Licht deiner Seele Raum zu geben. Lass dir einige Atemzüge Zeit, dich vollkommen zu öffnen und zu weiten. Du bist ein grenzenloses Wesen und unendliche Möglichkeiten stehen dir zur Verfügung.

Du erkennst, eingetaucht in die Grenzenlosigkeit deines Atems, deines Wesens, dass du nicht weit zu gehen brauchst, um das Zuhause deiner Seele zu finden. Gehe einfach nur in dich, durch alle Gefühle und Gedanken hindurch in dein Herz.

Hier ist alles Liebe. Hier ist alles Licht. Hier ist alles, wie es wirklich ist. In der grenzenlosen Tiefe deines Herzens findest du Ruhe, umhüllt von der Schönheit, von der unfassbaren Harmonie des Ganzen.

Umgeben von dem Licht der Engel und deiner Seele weite nun dein Herz noch mehr, indem du Licht und Liebe hineinatmest.

Durch dein tiefes Atmen nimmst du wahr, wie dir innere Flügel wachsen. Sie schenken dir genau die Leichtigkeit, die du für dein Leben benötigst.

Du fühlst dich wie ein Engel auf Erden – kraftvoll – im Kontakt mit der allumfassenden Schöpferkraft. Du bist Teil des kosmischen Tanzes. Spüre deine Flügel, deine Leichtigkeit. Das bist du. Das ist dein Leben, dein Weg. Und du gehst ihn, Schritt für Schritt. Atemzug für Atemzug.

Mit jedem Flügelschlag deines Atems wirst du leichter und tiefe Freude erfüllt dich. Du weißt, dass du geliebt bist, genau so, wie du jetzt bist. Alles ist vollkommen, war es und wird es immer sein. Du wirst Schritt für Schritt getragen.

Spüre dieser deiner Wahrheit nach. Fühle das Licht und die Liebe in allen deinen Zellen, in deinem gesamten Wesen. Genieße diese strahlende Schönheit in dir und nimm sie jetzt dankbar an. Spüre diese Dankbarkeit. Spüre, wie sich tiefe Dankbarkeit in deinem ganzen Wesen ausbreitet. Dein ganzes Wesen ist jetzt erfüllt von tiefer Liebe.

Du spürst die Energie, die frei wird – die Kraft, die in der Liebe liegt und die mehr wird, je mehr du den Weg deines Herzens gehst. Immer mehr findest du zurück zu deinem eigenen unbegrenzten Wesen, zu deiner wahren Natur. Du gehst den Weg der Liebe. Und das ist immer der richtige Weg.

Kraft und grenzenloses Vertrauen durchströmen dich auf deinem Weg. Die Schwingen der Liebe tragen dich in Leichtigkeit und begleiten dich von jetzt an auf allen deinen Wegen, auch wenn du nun in die Gegenwart zurückkehrst.

Nimm dir die Zeit, dich von diesem Zustand der Stille, der Schönheit und der Liebe in dir – auf deine persönlichste Art, zu verabschieden – Pause.

Auf deinem Weg ins Hier und Jetzt wirst du begleitet von deinem strahlenden Licht, von der Schönheit deiner Seele, die dich immer umgibt.

Beginne, dich erneut mit deinem Atem zu verbinden. Fühle, wie jeder Atemzug dich mit frischer Kraft und neuem Leben speist, mit dem Leben der Erde, der Sonne, der Luft – mit all den atmenden Wesen dieser wunderschönen Erde.

Erst jetzt und ganz allmählich beginnst du mit kleinen Bewegungen der Finger und Zehen. Sehr bewusst nimmst du deinen menschlichen Körper wieder in Besitz. Erspüre diesen Körper, indem du dich streckst und räkelst. Erwecke deinen Körper sanft, voller Liebe, Dankbarkeit und Achtung. Dein Körper ist ein großes Wunder, dein bester Freund. Durch ihn darfst du wunderschöne Augenblicke erleben, kannst das Abenteuer Leben erfahren.

Gewöhne dich nie an das Leben und deine Einzigartigkeit. Entdecke Tag für Tag aufs Neue die Begegnung mit dir selbst. Nimm dir täglich Zeit, dir selbst ganz nahe zu sein, deinen Atem, deinen Körper zu spüren und den Geheimnissen deines Herzens zu lauschen.

Abschluss

LOTUS MUDRA DER LIEBE

Die göttliche Liebe wartet darauf, durch dein Erkennen, deine Erleuchtung, durch den Funken Göttlichkeit in dir und allen Wesen geboren zu werden.

Beginne, deine Augen und dein Herz zu öffnen, um die Wahrheit der Liebe zu erkennen und zu leben.

Liebe ist der einzige Weg, sie ist die einzige Antwort. Du besitzt, so wie jedes Wesen, die wundervolle Fähigkeit, mit dem Herzen der Liebe die Wahrheit zu erkennen.

Nimm Abstand von dem irdischen und argumentierenden Verstand und beginne immer mehr dein Herz zu hören. Lausche dieser zarten, reinen, lichten Stimme deines Herzens.

Komme jetzt zurück zum Sitzen und beende deine Yogapraxis mit dem Mantra der Liebe und einer wundervollen kleinen Mudra-Meditation.

Bringe deine Hände ins Anjali Mudra vor deinem Herzen zusammen. Schließe die Augen und finde einen Raum der Stille tief in deinem Herzen und werde EINS mit der Liebe in dir. (1)

Die sich Atemzug für Atemzug entfaltende Liebe beginnt zu strahlen wie eine aufgehende Sonne.

Die Liebe deines Herzens ist die stärkende, nährende, schützende Kraft in deinem Innersten, die dich mit dem Licht deiner Seele verbindet.

Tauche ein in die Liebe, spüre in dein Herz.

1

Wenn du möchtest, praktiziere dazu das LOTOS-MUDRA – als Ausdruck deines offenen Herzens der Liebe. Halte deine Hände ein paar Zentimeter vor deiner Brust auf Höhe des Herzens im Lotus Mudra. Lege hierfür deine Handballen, Daumen und kleinen Finger vor dem Herzen aufeinander, strecke die Finger auseinander und nach oben, sodass sie einen Lotus bilden. Senke leicht den Kopf. (2)

Der sich öffnende Lotus steht für dein Herz. Dein Herz öffnet sich wie eine kostbare Blume, um die Ausstrahlung der Schönheit, der Weisheit und der Liebe zu empfangen.

Spüre die Verbundenheit mit deinem innersten Kern und fühle daran, dass dir ein offenes Herz und die allumfassende Liebe in dir selbst die größte Stabilität für dein Leben geben können.

Fühle das Licht der Liebe in dir – um sie dann zu leben und weiterzugeben. Lass diese Flamme der Liebe und der Wahrheit stets in deinem Herzen strahlen. Die Liebe ist die Essenz, die alles verbindet, alles trägt und ewig fließt, ohne Anfang, ohne Ende. Du kannst niemals zu viel Liebe geben. Liebe ist deine göttliche Quelle. Je mehr du sie strömen lässt, desto mehr Liebe kann in und durch dein Leben fließen.

Dazu sage oder singe dreimal laut das Mantra AHAM PREMA – ICH BIN LIEBE.

2

Führe dann einatmend den Lotus deiner Hände nach oben ins Licht.Trage dein Herz voller Liebe dem Göttlichen entgegen.

Empfange den Segen der Engel, die dich in deinem Yoga begleitet haben. (3)

Mit dem Ausatmen lass die Hände über die Seite sinken und bade im Licht und in der Liebe der Engel. Führe einatmend deine Hände wieder vor deinem Herzen in das Anjali Mudra – die Gebetshaltung, und spüre nach. (4)

Schließe deine Augen und nimm wahr, dass Liebe nicht nur ein Gefühl ist, das du anderen Menschen gegenüber empfinden kannst. Es ist vielmehr die Lehre, dass alles, was du zum Glücklichsein brauchst, schon längst in ewiger Fülle in dir vorhanden ist. Es ist deine Wahrheit, dass dein Kern, der dich ausmacht, von göttlicher Natur ist – in der indischen Philosophie wird dies Atman genannt und beschreibt deine innerste Essenz, die unzerstörbare ewige Seele, die aus Liebe geboren ist und für immer Liebe darstellt.

3

Nur durch deine Aufmerksamkeit, die du auf dein Herzzentrum richtest, wird Wärme fließen. Spüre deinen Herzschlag. Lass dein Herz mehr und mehr wachsen. Stell dir vor, dass seine Grenzen verschwimmen, es wie ein leuchtender Ball größer und größer wird und die Wärme über deinen ganzen Körper verteilt. Es wird so groß, dass du darin bequem Platz findest.

Nimm Platz in deinem Herzen, nimm Platz in dir selbst und spüre hinein, wie es sich anfühlt, in deinem Herzen zu sein. Erlaube dir, einzutreten in die Liebe, die dich mit der Schöpfung vereint. Spüre die Kraft, die Liebe, die Wärme und das Licht, die sich hier befinden.

Spüre, dass du nicht getrennt bist, dass alles eins ist. Nimm wahr, dass diese Schwingung, dieses Einssein, diese Liebe jede Zelle deines Körpers durchströmt.

Beginne, deine Augen und dein Herz zu öffnen, um die Wahrheit der Liebe zu erkennen und zu leben.

Liebe ist der einzige Weg, sie ist die einzige Antwort.

4

Lass dich von der Liebe zu dir selbst tragen, in den Raum deiner göttlichen Wahrheit und fühle, wer du bist: Liebe und Licht. Und was du fühlst, wirst du erschaffen. Lass dir von der Sonne der Liebe deinen Weg erhellen und erkenne das Wunder eines liebenden Herzens.

Die Zeit ist gekommen, deine Göttlichkeit zu deiner Wahrheit zu machen.

Folge der Liebe in deinem Herzen und lebe sie voller Wahrhaftigkeit in deinem täglichen Leben. Lebe voller Bewusstheit und lasse deine täglichen Handlungen Ausdruck deiner göttlichen Liebe werden. Dann wirst du durch die gelebte Liebe die Wahrheit erkennen: Du bist vollkommen.

Gott liebt dich unermesslich. Jegliche Abgrenzung vor der Göttlichkeit in dir und deiner unveränderlichen Einheit mit der unendlichen Präsenz der Liebe wird durch das wahrhaftige Leben der Liebe beseitigt.

Entdecke die Liebe wieder in dir, lebe sie und gebe sie weiter.

Der Weg der Liebe ist einfach zu gehen, denn alle Handlungen sind von ihr bestimmt. Du fühlst und findest den Weg in deinem Herzen, denn dein Herz ist die Instanz in deinem Wesen, die für Liebe zuständig ist.

Die reine, bedingungslose, wahrhaftige Liebe kann nur aus dem Innersten heraus erkannt werden, aus der Reinheit des Herzens.

Erinnere dich immer wieder daran, dass du in Wahrheit nichts erreichen musst, in dir bist du bereits alles.

Vielleicht erinnerst du dich tief in deinem Herzen daran, dass es ein Wunsch war, auf diese Erde zu kommen, um zu wachsen und dich dem Licht entgegenzustrecken. Öffne dein Herz und erkenne, was du wirklich bist: Ein großartiger Mensch, ein wundervoller Engel in Menschengestalt, der seine Liebe überall auf der Welt frei und bedingungslos zum Ausdruck bringt. Spüre mit den Engeln in deinen Körper hinein und fühle das Licht der Liebe in dir – um sie dann zu leben und weiterzugeben. Lass diese Flamme der Liebe und der Wahrheit stets in deinem Herzen strahlen. Die Liebe ist die Essenz, die alles verbindet, alles trägt und ewig fließt, ohne Anfang, ohne Ende.

Du kannst niemals zu viel Liebe geben. Liebe ist deine göttliche Quelle, und je mehr du sie strömen lässt, desto mehr Liebe kann in und durch dein Leben fließen.

Jetzt weißt du einfach, dass Liebe immer da ist, dass Trennung nur Illusion ist. Du kannst es jederzeit in dir spüren, wo auch immer du gerade bist.

Ausklang

Ich danke dir, dass du mich in diesem Buch durch das ANGEL-Yoga begleitet hast. Danke, dass du dir die Zeit geschenkt hast, um innezuhalten und um dir selbst zu begegnen. ANGEL-Yoga möchte dich unterstützen, das Bewusstsein für dich zu verfeinern und das Licht und die Liebe der Engel zu fühlen und anzunehmen. Deine Yogapraxis mit den Engeln möge dir Freude bereiten und dir Heilung und Liebe auf allen Ebenen schenken.

Die Anleitungen dieses Buches sind nur eine Einführung in das ANGEL-Yoga. In Verbindung und in der Einheit mit den Engeln ist noch sehr viel mehr möglich, ebenso wie in deinem Leben und deiner Yogapraxis.

Yoga bewirkt bei jedem Menschen etwas anderes. Da wir alle einzigartig sind, ist somit auch jeder Yogaweg einzigartig. Wenn ich meinen betrachte, habe ich heute das Gefühl, ein ganz anderer Mensch zu sein als die nach außen orientierte Person, die ich vor 15 Jahren war. Und ein großer Teil meiner Transformation fand durch die Engel, Yoga und in der Meditation statt. In dieser Praxis habe ich tiefen Frieden und unermessliche Freude gefunden und diese Freude ist immer in mir, auch wenn ich gerade kein Yoga praktiziere. Es gibt nichts mehr zu erreichen, es genügt mir, einfach zufrieden zu sein mit dem, was gerade ist. Gerade dieses Loslassen bringt alles ins Fließen und Erwachen geschieht ganz natürlich. Es erfüllt mich eine tiefe Dankbarkeit zu leben, und ich versuche Tag für Tag, meinen Körper zu achten und zu schätzen, als den heiligen Tempel, der mich durch mein Leben trägt.

Für mich sind Yoga in all den verschiedenen Formen und Meditation ein wundervoller Weg in das Heilsein durch Liebe: In uns ist alles vorhanden, was wir brauchen. In uns wohnt die göttliche Medizin. Das Licht der Liebe – wir dürfen nun wieder lernen, sie zu nutzen. Zu unserem Wohl und zum Wohl aller Wesen.

Die göttliche Liebe inspirierte mich schon immer, sie zu leben und weiterzugeben. Ohne Druck, in Leichtigkeit, ohne zu hohe Erwartungen an mich selbst. Inzwischen durfte ich lernen, dass es einfach meine Aufgabe ist zu lieben. Und die Liebe fließt reichlich. Es kommt wahrlich nicht darauf an, wie viel wir tun, sondern wie viel Liebe, wie viel Wahrhaftigkeit, wie viel Glaube wir in unser Handeln legen. Auch ich hatte Lektionen zu lernen, habe meine Tränen geweint und meine Finsternis durchlebt und mit Liebe erhellt. Unsere Leben unterscheiden sich nicht, nur die Erfahrungen und Lektionen sind verschieden. Aber wir können die bewusste Entscheidung treffen, alle Schatten durch die Liebe zu erlösen und heimzukehren in unsere Göttlichkeit.

Mögest du in deiner Yogapraxis, verbunden mit der Liebe der Engel, noch tiefer eintauchen in die Wunder des Lebens. Und gleichzeitig eine Tiefe und Spiritualität in deinem *Dasein* erleben. Mögen die Engel dir in deiner Yogapraxis zeigen, wie du auch das Licht und die Schatten der Dualität in Liebe und Dankbarkeit annehmen kannst. Ihre lichtvollen Energien möchten dich mit dem Wunder des Lebens auf allen Ebenen verbinden. Dann wird aus deiner Yogapraxis der Moment, in dem die Gedanken ruhen und sich alles vereinigt: dein Körper, dein Geist, dein Selbst und das Universum. Der Moment, in dem keine Fragen offen sind und keine Antworten ausbleiben. Der Moment, in dem Frage und Antwort verschmelzen zu einem inneren und allgegenwärtigen *Ja*.

Mit Engelslicht praktiziertes Yoga öffnet dir die Türen deines Herzens, um deine innere Wahrheit, dein Seelenlicht und deine Weisheit zu leben. Das Licht in dir zu leben, bedeutet die Kraft deines Herzens zu leben und deine Herzensenergie fließen zu lassen. Das macht Yoga zum innigen Vertrauten auf dem Weg zur Liebe, zum Frieden und zum Glücklichsein. Atme tief in dein Herz – und lass das Licht deines Herzens erwachen und in die Welt strahlen.

Ich wünsche dir aus ganzem Herzen viel Freude und Leichtigkeit auf deinem Yogaweg. Niemand kann diesen Weg für dich gehen. Das Göttliche hat uns Menschen auf Erden kostbare Werkzeuge geschenkt, die uns das Heimkehren leichter machen. So wie Yoga, begleitet von der Engelsliebe. Nimm dir Zeit für dich, Zeit für deine Praxis, und du wirst schließlich zu jenem heiligen Ort in dir gelangen, in dem du deine Verbindung mit dem Göttlichen erkennst und dir erlaubst, das göttliche Wesen zu sein, welches du schon immer warst, bist, und sein wirst. Dies zu erfahren, ist ein Moment großer Freude und unendlicher Liebe.

Mögen Kraft und grenzenloses Vertrauen dich durchströmen auf deinem Weg, mögen dich die Schwingen der Engel in Leichtigkeit tragen und dich auf all deinen Wegen behüten und beschützen. Ich bin dankbar, diesen Weg des Herzens voller Freude mit dir teilen und erleben zu dürfen.

Namasté in Liebe,
deine Karina

Danke

Zum Schluss möchte ich einfach DANKE sagen.

Ich danke für mein Zuhause, den alten Pilgerhof, der mir und all seinen Bewohnern so viel Geborgenheit und Heilung schenkt. Ich danke meiner geliebten Mutter: meiner Lehrerin und Seelengefährtin, und ich bin zutiefst gesegnet von dem Wunder der Liebe, das wir miteinander teilen dürfen. Meiner Schwester, die eine besondere Freundin und weise Begleiterin auf meinem Weg ist und mich immer wieder auf die Erde zurückholt. Ich danke meiner Lebensliebe Huey, die ich durch die Führung der Engel in diesem Leben wiederfinden durfte.

Ich danke all jenen, die dieses Buch möglich gemacht haben: Hans Pongratz, der das Strahlen des Engellichtes in den schönen Fotos voller Geduld und mit so viel Freude eingefangen hat. Danke für die wundervollen Fotos.

Ich danke allen Mitarbeitern des Giger Verlages und der großartigen Sabine Giger: Von ganzem Herzen danke für ihr Vertrauen und ihren Glauben an mich und unser Projekt. Sie gibt uns Autoren die Möglichkeit, unsere Träume mit der Welt zu teilen. DANKE!

Ich danke meinen Lehrern aus dieser und der geistigen Welt aus vollstem Herzen, mich auf diese beste aller Reisen geschickt zu haben – die Reise zurück in die allumfassende Liebe, zurück in mein Herz. Ich danke allen Lehrern und Umständen, die mir die Möglichkeit gaben, mein ureigenstes Gefühl von Einheit, des Nicht-Getrennt-Seins wiederzufinden – und so schließlich zu lernen, den größten aller Lehrer zu akzeptieren: mein Leben.

Es gibt Unzähliges mehr, für das ich danke sagen kann und möchte, aber das würde mehr als ein Buch füllen.

Danke für jeden Augenblick. Für all die lieben Worte, für eine Umarmung, für ein Lachen, für eine Berührung, für die Wolken am Himmel und die strahlende Sonne, den Segenregen und den Regenbogen, der aus beiden entsteht. Für alle Menschen, die ich liebe und die mich so bedingungslos lieben, für meine Freunde, meine Tiere, für den Ozean, die Berge, für die Bäume, die Blumen und Schönheit von Mutter Erde, für alles, was ich lernen durfte und noch lernen darf.

Danke für alle menschlichen Engel in meinem Leben und all die lichten Engelwesen, die immer an meiner Seite sind und mich allgegenwärtig umarmen.

Danke aus der Tiefe meines Herzens für die großen Seelen, die mir immer wieder das Licht weisen und die Dunkelheit durch ihre Liebe und ihren Mut erleuchten.

Ich danke den alltäglichen Momenten, die zu einer Möglichkeit für mich wurden, die Botschaft der Liebe anzuwenden und zu leben.

Danke, dass ich meinen Traum leben kann.

Danke, dass ich immer wieder daran erinnert werde zu lachen, zu tanzen, zu strahlen und zu lieben.

Lasst uns jeden Schritt auf unserer Reise zu uns selbst voller Liebe, Freude, Hingabe und Vertrauen gehen. Ich umarme euch und bin dankbar, diese Reise mit so vielen wundervollen Herzen wie euch gehen zu dürfen. Mein Dank gilt all jenen lieben Seelen, die mit mir durch das Wunder meines Lebens gewandert sind, um uns gemeinsam der raumvollen Liebe, den großartigen Heilkräften und dem inneren Frieden mehr und mehr zu öffnen. Dieser gemeinsame Weg mit dir und all den anderen Menschen ist für mich sehr wertvoll, er ist mein Leben.

Danke auch, dass auch DU da bist. Dass DU in meinem Leben bist.

Namasté aus der Tiefe meiner Seele
Karina

Über die Autorin

Karina Wagner, geboren 1975, ehemals Fotomodell, begann sich durch eine eigene schwere Krankheit sehr früh mit der östlichen Philosophie, dem Schamanentum und deren verschiedenen Wegen des Heilens zu beschäftigen. Nach ihrer eigenen »Gesundung« führte sie ihr Weg nach Indonesien, Indien, Tibet, Asien und Polynesien, um verschiedene Wege der Heil- und Lichtarbeit ursprünglich zu erlernen.

Geleitet von ihrer inneren Stimme und ihrem Herzen gibt sie seit über zwölf Jahren Ausbildungen und Retreats, bei denen deutlich wird, dass im Bemühen um Spiritualität stets das Herz und die Liebe im Mittelpunkt bleiben soll.

Karinas Wesen und Ihre Arbeit ist von ihrer tiefen Liebe geprägt und geleitet von ihrem Herzen gibt Karina seit über 12 Jahren Yoga-Retreats, Wochen des Herzens, Christuslichtseminare, Engelseminare, Yogalehrerausbildung und bildet in hawaiianischer Heilkunst und der Heilarbeit ANGEL-TOUCH aus.

In ihrem Seminarzentrum, dem 650 Jahre alten »Pilgerhof St.Wolfgang« finden jährlich in familiärem Rahmen an die 30 Seminare und Workshops statt. Weiter unterrichtet Karina weltweit.

Zu Karinas Kunden gehören private, zum Teil bekannte, Einzelpersonen aus der Film- und Musikbranche, ganzheitliche Zentren und Gemeinschaften sowie internationale Firmen, namhafte Hotels und Hotelketten. Sie hat bisher zwei Bücher, einige Meditations-CDs und eine DVD veröffentlicht.

Viele Yogalehrer und Meister der Liebe inspirierten sie, ihr Wissen und Können weiterzugeben. Gleichzeitig ist ihr wichtig und bewusst, stets auch Lernende zu bleiben.

Karina geht den Weg der Liebe, und diese Liebe, das Erahnen und Erspüren des großen Werkes der Schöpfung und der feinstofflichen Welt, prägt ihr Wirken und Leben.

www.karinawagner.com

ISBN 978-3-905958-50-8

ISBN 978-3-905958-42-3

ISBN 978-3-905958-52-2

ISBN 978-3-905958-56-0